Susanne Hühn

In meiner KRAFT bleiben

Wie Energie aus Seminaren im Alltag wirksam wird

ISBN 978-3-8434-1124-0

Susanne Hühn: In meiner Kraft bleiben Wie Energie aus Seminaren im Alltag wirksam wird © 2013 Schirner Verlag, Darmstadt	Umschlag: Murat Karaçay, Schirner, unter Verwendung von # 18739292 (Bernd S.), # 5697026 (Dmitry Remesov), www.fotolia.de Satz: Simone Fleck, Schirner Redaktion: Claudia Simon, Schirner Printed by: ren medien, Filderstadt, Germany

www.schirner.com

1. Auflage Oktober 2013

Inhalt

Liebe Leserin, lieber Leser,   8

Einleitung   10

Vor dem Seminar   21
Übernimm die Verantwortung für deinen Prozess   21
Der innere Widerstand   25

Während des Seminars   27
Übergriffigkeiten vermeiden   34
Dos and Don'ts   37

Nach dem Seminar   38
Die Verantwortung wieder zu dir zurücknehmen   38
Der Altar   45
Überprüfung   47
Die Umsetzung: Inventur und Handlungsplan   49
Loslassen und vertrauen   52
Und jetzt?   61

**Wie du dich als Seminarleiter selbst nährst
und regenerierst**   73

**Was geschieht eigentlich, während du
ein Seminar gibst?**   80

Wie schützt du dich und den Raum?   83

Wie können wir gut für uns sorgen?   92

Woran erkennt man ein gutes Seminar?   103

Geld ist fließende Energie   107

Wie man eine Gruppe hält   117
Innere und äußere Räume schaffen   117
So bereite ich mich auf Seminare vor   123
Verlorene Anteile erlösen – deine magische Kraft   132

Wie ich eine Gruppe halte   145
Schutz für das innere Kind   158

Nachwort   160

Liebe Leserin, lieber Leser,

oft werden Mike und ich am Ende eines spirituellen oder psychologischen Seminars gefragt: »Wie kann ich diese Energie im Alltag halten? Habt ihr nicht einen Tipp?«, und jedes Mal fühle ich mich ein wenig hilflos. Natürlich weiß ich, wie. Aber ich weiß nicht, wie ich denjenigen dazu ermutigen kann, das auch zu tun. Denn immer dann, wenn du ein spirituelles oder psychologisches Seminar besuchst, erhältst du eine Energieerhöhung. Die Seminarleiter und manchmal auch die anderen Teilnehmer schenken dir ihr Wissen, ihr Mitgefühl, ihre Liebe, ihre Aufmerksamkeit. Es geht um dich und nur um dich. Du bist anwesend, präsent, hast Raum, dich selbst zu spüren. Du brauchst dich nur um dich selbst zu kümmern, musst endlich einmal nur für dich selbst da sein. Du bist unter Gleichgesinnten. Die laute Außenwelt mit ihren ungeheuren Anforderungen, Verwirrungen und Irrungen bleibt außen vor, du bist in einem geschützten Raum, abgeschottet. Es ist wie in einem Reagenzglas, in dem beste Laborbedingungen herrschen: Hier kannst du dir in einer fein säuberlichen Umgebung all die Zeit nehmen, die du brauchst, um jene Reaktion zu vollziehen, die nun ansteht. Der Seminarleiter ist dein Katalysator.

In diesem Buch geht es in erster Linie um Seminare, die deiner Bewusstseinerweiterung und deiner Persönlichkeitsentwicklung dienen, denn sie unterliegen eigenen Gesetzen. Während dieser Seminare bist du offener, verletzlicher als üblich, du bringst deine Energien ganz bewusst mit und damit auch zur Wirkung. Wenn du ein Seminar über Buchhaltung besuchst, dann lernst du zwar sehr viel, aber deine persönlichen Befindlichkeiten haben dabei nichts zu suchen, und dein Seminarleiter wird auch nicht besonders darauf eingehen.

Reden wir also über Seminare, die deine persönliche Energie verändern wollen.

Einleitung

Weißt du, was ein Quantensprung ist? Quant kommt aus dem Lateinischen (quantum: »wie viel«). Energie kommt immer gequantelt daher: in Sprüngen, in Einheiten, in Paketen. Wenn du dir einmal das alte Rutherford´sche Atommodell vorstellst, das zwar überholt, aber dennoch gut zu gebrauchen ist, um einen Quantensprung zu erklären, dann erinnerst du dich vielleicht vage daran, dass ein Atom in der Mitte einen Kern und außen herum sogenannte Schalen hat. Auf diesen Schalen kreisen die Elektronen um den Kern herum, so, wie Planeten um eine Sonne. Sie kreisen also fröhlich oder gelangweilt vor sich hin, je nach Energiezustand. Befindest du dich in einer nicht mehr stimmigen Situation, hat sich eine Komfortzone überlebt, dann haben deine Atome wenig Energie, die Elektronen »schlurfen« lustlos um den Kern herum, aber sonst passiert nicht viel. Der Zustand ist stabil, und das ist natürlich zunächst einmal erstrebenswert. Wenn du allerdings gerade im Aufbruch bist, weil der Zustand nicht mehr zu dir passt, dann sieht das Ganze anders aus. Verstehst du? Es ist sinnvoll, wenn ein Metall wie Gold nur sehr wenig reagiert, wenn du damit arbeiten willst – zum Beispiel in der Zahnmedizin. Aber wenn du eine chemische Veränderung haben willst, dann beißt du dir an Gold die Zähne aus, weil es nicht reagiert.

Im stabilen Zustand gibt es wenig Bindungsenergie und damit wenig Reaktionsbereitschaft. Wenn du nun aber weißt, dass es nicht nur die Schalen gibt, die du kennst, sondern dass für die

Elektronen die Möglichkeit besteht, in eine weiter außen liegende Schale zu wechseln, in der mehr Energie herrscht, mehr möglich ist, dann gibt es Hoffnung auf ein Leben voller Energie und Freude! Aber wie kommt ein Elektron von einer Schale zur nächsten? Und warum sollte es das wollen? Nun, in der weiter außen gelegenen Schale hält das Elektron mehr Energie. Es hat Energie aufgenommen, um auf diese nächste Schale zu springen, so, wie auch du potenzielle Energie aufnimmst, wenn du z. B. mit dem Fahrrad einen Berg hochfährst – hochkeuchst, wenn du nicht trainiert bist. Du bist energiereicher als am Fuße des Berges, auch wenn du dich nicht so fühlst. Du hast Energie abgegeben, in Form von Muskelkraft verbraucht, und du hast Energie in Form von potenzieller Energie aufgenommen. Du kannst auch sagen, du hast deine Körperenergie in potenzielle Energie umgewandelt. Diese aber ist flüchtig, du kannst sie nur so lange speichern, wie du dich auf diesem Berg befindest. Die Energie, die du aufgenommen hast, spürst du, wenn du dich nun bergab tragen lässt und dir der Fahrtwind um die Ohren bläst, ohne dass du etwas tun musst. Sie wird durch das Hinabfahren in kinetische Energie umgewandelt. Potenzielle Energie wird zum Beispiel sichtbar genutzt, wenn du dir ein Wasserkraftwerk vorstellst, bei dem Wassermassen hinabstützen und dabei eine Turbine antreiben. Dabei wird die potenzielle Energie in kinetische (Wasser fällt hinab) und dann in elektrische Energie (Turbine erzeugt Strom) gewandelt.

Nun hat aber dieses Elektron, das den Berg erklimmen will, keine Muskeln. Es kann nicht aus eigener Kraft springen und die nächste Schale erreichen. Deshalb braucht ein Quantensprung

Energiezufuhr von außen. Auch du hast, wenn du den Berg erklommen hast, noch keinen echten Quantensprung erreicht, du hast dich innerhalb deines Energielevels bewegt, bist auf deiner Schale geblieben. Nimmst du den Skilift – Energie von außen –, bekommst du deinen Quantensprung. Damit also ein Elektron von einer engen, weiter innen gelegen Schale auf eine äußere springen kann – es scheint tatsächlich zu springen, der Zustand zwischen den Schalen lässt sich nicht ausmachen, deshalb das Wort »Quantensprung« –, braucht es Energie von außen, in der Chemie ist das häufig Wärme. Du erinnerst dich an den Bunsenbrenner? Der führt Energie von außen zu, damit Reaktionen entstehen. Was genau während des Quantensprunges passiert, weiß man noch nicht. Das Atom hat nun mehr Energie, denn das Elektron kreist in einer weiter außen gelegenen Hülle, es ist auf den Berg getragen worden, um im Bild zu bleiben. Und genau das passiert in einem Seminar.

Du bekommst potenzielle Energie zur Verfügung gestellt, um dir einen höheren Schwingungszustand zu ermöglichen. Potenzielle Energie aber ist genau das, sie ist ein Potenzial, eine Ermächtigung, noch keine Handlung.

Stelle dir vor, du selbst seist wie eine Feder – in einem Seminar wird sie gespannt. Damit hat sie mehr Energie als vorher. WIE du aber diese Energie nutzt, liegt vollkommen an dir selbst, und darauf haben wir, die Seminarleiter, auch keinen Einfluss. Glaube mir, manchmal hätten wir ihn gern.

Wenn also dein Alltagsleben tief unten im energetischen Tal stattfindet, dann rauschst du nach dem Seminar mit Vollgas zurück in die Tiefen und hast wahrscheinlich nicht einmal Spaß dabei.

Wenn du die Energie, die du bekommst, halten willst, dann musst du dich auf den Weg machen und Stück für Stück dein Leben in eine höhere Schwingung bringen, dein Haus also auf dem Berg neu erbauen, um in diesem Bild zu bleiben. Den Quantensprung, den du durch die Energiezufuhr des Seminars erhalten hast, kannst du wieder verlieren, indem du die Energie in niedrig schwingende Systeme abgibst. Denn es gibt auch Quantensprünge nach innen, sie führen für das Atom zu Energieverlust. Nutzt du die abgegebene Energie sinnvoll, dann kannst du zum Beispiel dein Haus damit heizen – nichts anders ist Energiegewinnung: Wir machen uns die abgegebene Energie eines Atoms zunutze.

Wenn du die potenzielle Energie, die du bekommen hast, nutzt, um dein Leben umzugestalten, dann hast du einen echten Gewinn gemacht. Dienst du aber nur weiter den Narzissten oder Energieräubern in dir selbst und in deiner Umgebung, dann stehst du am Ende mit leeren Händen da. Du nährst deine Umgebung mit deiner Energie und verlierst sie dadurch für dich selbst. Oftmals vergeuden wir die erhaltene Kraft durch schlechte Angewohnheiten, die unsere Lebenskraft eher senken als stärken. Du kannst noch so viele tolle Seminare besuchen, wenn du danach in alte, womöglich auch noch süchtige Verhaltensmuster fällst, dann gibst du die Energie ungerichtet, diffus wieder ab. Verstehst du? Du schaffst das Wasser auf den Berg, damit es eine Pumpe antreibt, mit der du dein Feld bewässern könntest. Das Seminar hat dir die Kraft gegeben, das Wasser hochzuschaffen. Statt nun die Pumpe anzuschließen, lässt du es aber einfach in irgendwelche Kanäle rauschen, die überhaupt keinen Energiegewinn bringen, weil sie sich nicht selbst erhalten können oder wollen. Doch halt.

Ganz leer sind deine Hände nicht. Du hast gespürt, wie es sein kann. Und dadurch macht sich etwas in dir auf den Weg.

Jedes Seminar, das du besuchst, jede Energieerhöhung erinnert dich daran, wie es ist, wenn du dich selbst wirklich spürst. Du kommst deiner Essenz, deiner Wildnatur, nah. Du spürst ganz einfach das Leben. Und weil du ein selbst organisierendes System bist, bestrebt, im größtmöglichen Gleichgewicht und im besten Energiezustand zu sein, beginnt etwas in dir, aufzuwachen, unwirsch zu werden. Das Leben will sich durch dich ausdrücken, das ist hier auf der Erde einfach so, es lockt dich. Und weil das so ist, stärkst du in dir mit jedem Seminar den Lebensfluss. Du wirst bewusster und erkennst, wie die Energien in deiner Umgebung fließen und ob dir das gefällt oder nicht. Erst dadurch hast du die Kraft, sie zu ändern. Und so kann es sehr wohl sein, dass es dir nach einem Seminar zunächst schlechter geht als vorher. Das ist, weil du aufgewacht bist und jetzt erst siehst, was du dir selbst erschaffen, welche Umstände du akzeptiert hast. Deshalb weißt du noch lange nicht, wie du sie ändern kannst, aber du beginnst, sie zu erkennen, und dadurch mobilisierst du langsam, aber stetig Kraftquellen in dir.

Der Weg vom Opfer zum Schöpfer ist weit. Aber er beginnt wie jeder Weg mit dem Anvisieren eines Zieles, nämlich deiner emotionalen, spirituellen und auch sonstigen Selbstbestimmung. Und dieses Ziel bekommst du in Seminaren aufgezeigt.

Um es im Sinne der Quantenheilung auszudrücken: Du bekommst im Seminar eine neue Matrix, ein Energiepotenzial, eine neue Blaupause. Es ist, als würde dein bisher gültiger Lebensplan umgeschrieben, jemand stellt dir eine neue Landkarte zur Verfügung, vielleicht mit völlig neuen Zielen. Du erfährst das heile, das heilige Potenzial, die Urenergie, die noch nicht in Anwendung war und damit völlig unverfälscht ist. Aber was ist ein Potenzial?

Ein Potenzial beschreibt die Fähigkeit, eine Arbeit zu verrichten, die Fähigkeit, Dinge auf eine gewisse Weise und mit einer bestimmten Kraft zu tun. Es ruht, ist noch nicht zur Anwendung gekommen.

Verstehst du? Ein Seminar kann dir nur das Potenzial geben. Zur Anwendung musst du es selbst bringen, das kann dir niemand abnehmen. Es ist, als hättest du bei dem Seminar eine Tüte mit Samen bekommen, die dir ganz neue Früchte und Blüten bringen können, wenn du sie in deinen Garten säst. Dass du aber überhaupt einen Garten mit fruchtbarer Erde besitzt, die Samen aussäst und hegst und pflegst, das liegt in deiner Verantwortung.

Dein bisheriges und dein neues Energiefeld berühren sich, du kannst sie auch auf feinstofflicher Ebene verschmelzen lassen, sie zusammenbringen. Dazu gleich eine Übung. Aber die Handlungen kannst du nicht geistig erledigen, sie wollen und müssen konkret, ganz irdisch, getan werden.

» ÜBUNG

Stelle dir bitte deine Energie vor dem Seminar wie eine Lichtkugel vor, wie ein Energiefeld. Es kann auch ein anderes inneres Bild sein, eine Landschaft oder etwas, was für dich passt, sogar ein Krafttier. Letztlich ist das alles immer ein Ausdruck von Energie, eben DEIN inneres Bild, welches ein Kraftfeld beschreibt. Lass es zu einer Energiekugel werden, die du in eine Hand nehmen kannst. Und dann lass dir bitte die Energie, die sich während des Seminars entwickelt hat, als ein anderes Bild zeigen. Lass das Potenzial, das entstanden ist oder schon immer da war und dir nun zugänglich wurde, als Bild vor deinem inneren Auge erscheinen. Lass es bitte sein, wie es ist, auch wenn du noch nicht alle Aspekte verstehst. Deine innere Wahrnehmung ist bei dieser Art von Arbeit dein wichtigstes Werkzeug, so vertraue dem, was sich zeigt. Bitte nun darum, dass dein eigenes Seelenfeuer dieses neue Bild überprüft, eventuell umformt, damit du wirklich nur das, was dir dienlich ist, was zu dir gehört, als heiles, reines Potenzial in dich aufnimmst. Wenn du magst, dann kannst du dieses neue innere Bild von der violetten Flamme der Transformation durchfluten lassen – damit eventuelle Projektionen und Unstimmigkeiten gelöscht werden. Wahrscheinlich aber ist dein neues Bild sowieso sehr kraftvoll, stimmig und heil. Lass auch dieses neue Bild zu einer Energiekugel werden, nimm sie in die andere Hand. Und dann bringe deine Hände zusammen, lass die beiden Aspekte sich berühren, überlagern, miteinander verschmelzen. Möglicherweise geschieht das blitzartig, vielleicht aber braucht es auch eine Weile oder kann heute noch nicht ganz geschehen. Je nachdem, wie groß der Energieunterschied zwischen dem Alten und dem Neuen ist, kann es entweder ganz leicht passieren, oder es braucht eine Zeit der Anpassung, eine Art energetischen Druckausgleich.

Du hast nun die Voraussetzung dafür geschaffen, dass sich deine Erkenntnisse im Alltag in die Tat umsetzen lassen. Dazu ist es wirklich wichtig, dass du erkennst, in welchen deiner Lebensbereiche du Energie verlierst. Denn wenn du diesen Lebensbereich nicht änderst, verlässt oder akzeptierst und dich selbst neu organisierst, dann kann dir kein Seminar der Welt weiterhelfen. Und das macht es so schwierig. Viele Teilnehmer wollen eine Energieerhöhung – und die soll dann bitte stabil bleiben, sonst hat das Seminar ja nichts genutzt. Wir geben euch Impulse, Energie, Erkenntnisse, Raum. Wenn du diese Erkenntnisse aber nicht in dein gelebtes Leben umsetzt, sie nicht in echtes Leben verwandelst, dann verschwindet die Energie irgendwann. Du gibst deine Energie nach und nach ab, statt sie zu nutzen, um deine Umstände zu ändern.

Die wirklich wichtige Frage ist also:

Wie kann ich die Energie in meinem Alltag wirksam werden lassen, wie kann ich meinen Alltag so verändern, dass sich das höhere Niveau stabilisiert?

Denn die Antwort auf die Frage, wie du die Energie halten kannst, hast du schon tausendmal gehört. Ändere deine Umstände, und unterscheide sehr genau, welche Umstände deinem Leben dienen und welche nicht – ändere oder verlasse sie. Finde heraus, was dir in deinem Alltag Energie raubt, dann ändere es, oder verlasse die Situation.

Das weißt du, und könntest du deine Umstände ändern, wüsstest du, wie, bräuchtest du dieses Buch nicht. Denn die Antwort ist wirklich ganz einfach. So ist die Frage, die dich bewegt, wahrscheinlich eher diese hier:

Wie kann ich trotz all dem, was sich in meinem Leben breitgemacht hat, all den schwierigen Situationen, Menschen, all den Abhängigkeiten und dem Gefühl der Ohnmacht, dennoch zum Schöpfer meiner eigenen Wirklichkeit werden und mein Leben umgestalten? Wie kann ich all die Werkzeuge nutzen, die ich bekommen habe?

Zunächst einmal (und das macht es für uns als Seminarleiter sehr schwierig): Es liegt an dir, die neuen Werkzeuge und die Energie, die du bekommen hast, zu nutzen. Wir können nichts, wirklich gar nichts für dich tun, wenn du sie nicht nutzt. Ich zeige dir in diesem Büchlein Übungen und Wege auf, mit denen du deine Energie Stück für Stück auch nach einem Seminar erhöhen kannst. Aber ANWENDEN musst du sie selbst, auch wenn dir das noch so schwerfällt. Ich gebe ganz viel Energie in dieses Büchlein hinein, und du kannst sie sehr gern für dich nutzen, aber es ist wieder nur potenzielle Energie – du entscheidest, ob und wie du sie anwendest. Vielleicht dient sie dir gar nicht, dann ist es nicht einmal potenzielle Energie für dich.

Reden wir noch ein wenig über Energieanwendung, denn dafür sind wir alle selbst verantwortlich.

Du kannst das Potenzial dieses Büchleins nutzen, um dich selbst und dein Leben auf ein höheres Niveau zu bringen, um das Niveau zu halten, das dir das Seminar gegeben hat. Du kannst die Energie ungenutzt lassen, indem du es liest und in die Ecke legst oder es vielleicht gar zuklappst und in den Schrank stellst – dann verschenke das Buch lieber, vielleicht dient es jemand anderem. Du kannst es lesen und dich darüber ärgern, dass du es zeitlich oder aus anderen Gründen nicht schaffst, die Übungen zu machen. Dann hast du die potenzielle Energie zur Selbstverurteilung genutzt. Auch das steht dir frei. Wir können dir nur potenzielle Energie geben, so, wie dir ein Stromversorger auch nur Strom liefern kann. Welche Geräte du mit dem Strom versorgst, ob sie deinem Leben dienen und es erleichtern oder ob du dir damit schadest, das entscheidest du. Du kannst einen elektrischen Stuhl anschließen oder einen Herd.

So biete ich dir hier ein paar Ideen, Übungen, die aufeinander aufbauen und dir helfen können, dich neu zurechtzufinden und dich neu auszurichten, Geräte, die du anschließen kannst und die dein Leben hoffentlich bereichern.

Das alles ist dir zu viel Gerede über Physik und Energien? Dann machen wir es anders.

In einem Seminar wirst du »geschwängert«, egal, ob du männlich oder weiblich bist. Du nimmst Energien in dich auf, hütest sie, nährst sie. Deine weibliche Seite, die aufnehmende, ist sehr präsent. Du bist offen, voller Hingabe. Und selbst wenn du in einem Seminar viel tust, so lässt du dich doch in erster Linie nähren und befruchten. Du hütest die Energie in deinem Bauch, in deinem Schoßraum, als Mann im Spiritraum.

Bist du wieder zu Hause, ist es an dir, diese Energie in dir weiter zu nähren, ihr Raum zu geben, das, was geboren werden will, wachsen zu lassen. Du bist schwanger mit dir selbst, mit einem neuen Selbstausdruck, und so darfst du dich gut um dich selbst kümmern, eine Mutter für das sein, was neu entsteht.

Eines Tages – wenn du aufmerksam bist, wirst du genau spüren, wann – wird der männliche Teil in dir gefordert: die Handlung, das Tun. In angemessener Zeit gebärst du das Neue, du bringst es zur Welt und lässt es zur Handlung werden, nährst es weiter, gibst ihm, was es braucht, um groß und stark zu werden. Du beschützt es, wie ein Vater die Familie beschützt, du sorgst dafür, dass es alles hat, was nötig ist. Du bist Vater und Mutter für das, was du geboren hast, für das, was während des Seminars in dir angelegt wurde.
Ganz einfach.

Vor dem Seminar

Übernimm die Verantwortung für deinen Prozess

Sicherlich kommt dieses Büchlein erst in deinen Besitz, nachdem du schon einige Seminare besucht hast, dennoch möchte ich dir diese Übung ans Herz legen, damit du sie beim nächsten Mal anwenden kannst. Lege dir bitte etwas zu schreiben parat, am besten jetzt gleich. Ich warte auf dich.

» ÜBUNG

Schließe bitte deine Augen, nachdem du diese Übung gelesen hast. Rufe all deine Krafttiere, geistigen Führer und Lehrer oder einfach die Macht deines Unterbewusstseins, je nachdem, woran du glaubst. Entspanne dich ein wenig, atme tief durch, erlaube dir, dich selbst so sehr zu fühlen, wie dir das möglich ist. Und dann lausche nach innen mit folgenden Fragen:

Worum geht es mir wirklich?
Was brauche ich?
Was wünsche ich mir?
Was ist meine Absicht?

Schreibe die Antworten ungefiltert auf.

Es ist eine Illusion und auch nicht sinnvoll, ganz ohne Erwartungen und Absichten in ein Seminar zu gehen. Erstens stimmt es nicht, denn du bezahlst Geld und willst auch etwas dafür bekommen, und zweitens kannst du nicht überprüfen, ob du bekommen hast, was du brauchst, wenn du dir nicht klar machst, was du willst.

Wir erleben es immer wieder, dass jemand spirituell korrekt »Ich habe keine Erwartungen« sagt und dann unterschwellig entschieden mehr Energie aus uns herauszieht als diejenigen, die mit einer klaren Absicht kommen. Eine klare Absicht kann auch sein, dass du nicht weißt, was du brauchst, aber das Gefühl hast, es hier zu finden. Es gibt einen großen Unterschied zwischen Absichten und Erwartungen. Eine Absicht ist ein Teil deiner Energie, und du trägst die Verantwortung dafür, dass du sie in die Tat umsetzt. Eine Erwartung ist ein oft auch durchaus angemessener Anspruch an andere. Bist du dir deiner Erwartungen nicht bewusst, weil du gar nicht erlaubst, welche zu haben, so wirst du auch deine Enttäuschung nicht zulassen, und dann kommst du in diesen unterschwelligen Groll, rutschst in das Energiefeld des ungehörten inneren Kindes, das vampirgleich seine Umgebung leer saugt und sich dennoch nicht genährt fühlt.

Warum wirst du nicht genährt, wenn dir deine Erwartungen nicht bewusst sind? Weil du keine Verantwortung dafür übernimmst und so auch nicht die Situation verlassen kannst oder aufbegehrst, wenn sie nicht erfüllt werden!

Es ist ganz einfach: Wenn du in einen Laden gehst und Geld auf den Tisch legst, dann erwartest du dafür ein vernünftiges Produkt. Du reklamierst, wenn deine neue Jeans nach einem Tag kaputtgeht, zumindest hoffe ich das. Es kann sein, dass du dich fragst, was dieses Kaputtgehen mit dir zu tun hat und wo dein Spiegel ist, aber danach gehe bitte in den Laden, und sage, was dir nicht passt. Denn oft genug ist genau das der Spiegel. Gehe aus der Opferrolle, und sage, was du willst, übernimm die Verantwortung dafür, und nimm andere in ihre Pflicht. Besuchst du ein Seminar, dann darfst du Folgendes erwarten:

Deine Seminarleiter sind präsent und pünktlich, sie kennen ihren Stoff, sie geben dir so viel Raum, wie es innerhalb der Gruppe möglich ist, sie halten die Gruppenenergie, nehmen dich ernst, hören dir zu und folgen ihrem besten Wissen und Gewissen. Sie erlauben dir keine Spielchen und Ausflüchte, sondern sehen das, was sich hinter deiner Maske verbirgt, denn Spielchen und Ausflüchte kennst du ja schon, und sie bringen dich nicht weiter. Das kannst und darfst du erwarten, außer in der Seminarausschreibung steht »Wir schauen mal, ob wir kommen und ob wir dann Lust haben, euch etwas zu geben. Wenn ihr kommen wollt, Überweisungen bitte an ...«

Du schließt einen Vertrag ab, wenn du ein Seminar buchst, und es ist gut, Absichten und Erwartungen zu haben. Allerdings wirst du in Schwierigkeiten geraten, wenn sich deine Erwartungen auf das Ergebnis beziehen, denn das liegt weder in deiner noch in den Händen der Seminarleiter. Diese stellen Energie zur Verfügung, aber die Arbeit selbst geschieht in dir und durch dich. Formulierst du deine Absichten, so übernimmst du die Verantwortung für das, was du brauchst. Ob du es in dem Seminar, das du besuchen wirst, auch findest, ist eine andere Frage. Vielleicht bekommst du gar etwas viel Besseres. Aber gar keine Erwartungen zu haben ist oftmals aufgesetzt, unehrlich dir selbst gegenüber – und damit gibst du deine eigene Kraftquelle aus der Hand, nämlich den bewussten Willen, etwas zu ändern oder zu lernen.

Frage während des Seminars alles, was du wissen willst. Es ist Sache des Seminarleiters, zu entscheiden, ob er deine Fragen beantworten kann oder ob sie den Rahmen der Veranstaltung sprengen würden, dafür bist du nicht verantwortlich – also traue dich! Frage den Seminarleiter auch, ob er nach dem Seminar noch zur Verfügung steht. Je nachdem, wie sehr er eingespannt ist, wird er für dich da sein oder dir andere Möglichkeiten aufzeigen. Eine Bitte habe ich allerdings: Respektiere die Pausen! Auch Seminarleiter brauchen sie.

Es kann gut sein, dass du schon ein paar Tage vor dem Seminar ein merkwürdiges Gefühl hast, dass alte Erinnerungen in dir aufsteigen, du aufgeregt oder grundlos traurig bist. Mit dem Buchen eines Seminars beginnt es zu wirken, denn du hast eine Absichtserklärung gegeben. Du hast entschieden, dich um einen bestimmten, wahrscheinlich einigermaßen brachliegenden Bereich deines Lebens zu kümmern und ihm eine Energieerhöhung zukommen zu lassen – allein diese Entscheidung erhöht schon die Energie. Vielleicht gerätst du gar in Versuchung zu stornieren, oder es scheinen von außen immer wieder Dinge dazwischenzukommen. Einige sagen dann dazu: »Es soll wohl nicht sein.« Aber so erleben wir es selten. Meistens beginnt der innere Widerstand sein Werk.

Der innere Widerstand

Es gibt in uns allen eine angeborene Trägheit, die Trägheit der Masse. So anstrengend es für die Seele auch ist, einen sehr dichten Körper bewegen zu müssen, so sehr es dich oft nervt, dass hier auf der Erde alles so lange dauert und seine Zeit braucht, so anstrengend ist es auch für den Körper, diese unfassbar schnell schwingende, sich ständig in Veränderung befindende Energie namens Seele beherbergen zu müssen. Es gibt einen inneren Nullpunkt, einen Punkt absoluter Ruhe in deinem Körper, der alles dransetzt, um im Status quo zu bleiben. Das ist auch absolut sinnvoll, sonst würde die Materie auseinanderfallen. Diesen tiefsten, innersten Ruhepunkt erreichst du zum Beispiel, wenn du geübt hast, ohne Absicht in Stille zu sitzen. Warum ohne Absicht? Weil Absicht zielgerichtete Energie ist, die dich in Aufruhr versetzt. Eine Absicht zu haben bedeutet Aktivität, und diese kann nicht den tiefsten Ruhepol bilden. Ob du diesen inneren Ruhepol kennst oder nicht – er ist da, und er wirkt. Er ist bestrebt, dich sicher und stabil in deiner Komfortzone zu halten, im Dienst am Leben. Selbst wenn du dich in dieser Komfortzone gar nicht mehr wohlfühlst, so bietet sie dir zumindest emotionale Sicherheit, du kennst dich aus und kannst den Zustand mit relativ wenig Energieaufwand aufrechterhalten.

Buchst du nun ein Seminar, so erklärst du dich bereit, dich selbst aus einer Komfortzone herauszuholen, und du kannst dir vorstellen, dass es in dir Anteile gibt, die das gar nicht begrüßen. Teilweise bekommen sie sogar richtig Angst und versuchen, dich zu blockieren. Es ist eine hohe Kunst, zu unterscheiden, ob dich eine innere Stimme warnen will oder ob die Angst vor Veränderung Regie führt. Woran erkennst du den Unterschied? Wenn du wirklich spürst, etwas tut dir nicht gut, dann wirst du innerlich eng, etwas ganz Tiefes, Ernsthaftes warnt dich. Du spürst ein deutliches inneres Nein. Entscheidest du dich dann gegen das Seminar, spürst du echte, friedvolle Erleichterung. In den meisten Fällen aber blockiert die Komfortzone. Bei aller Angst spürst du dennoch ein inneres »Ich weiß, es würde mir guttun«, du spürst, etwas in dir will lebendiger sein. Trotz deiner Angst fühlst du Weite und Freiheit, wenn du an das erhoffte Ergebnis des Seminars denkst. Stellst du dir vor, es abzusagen, fühlst du zwar kurz Erleichterung, doch schnell beginnt es, an dir zu nagen. Du weißt einfach, dass du kneifst. Wenn das der Fall ist, dann komm erst recht!

Während des Seminars

Zunächst einmal: Sorge gut für dich. Nimm dir eine warme Decke, bequeme Kleidung, etwas zu trinken und zu essen mit. Wenn etwas Besonderes mitgebracht werden soll, dann hast du vorab bestimmt eine Liste erhalten. Hast du keine bekommen, dann packe das ein, womit du dich gut fühlst. Wenn du ein Seminar besuchst, betrittst du einen ganz besonderen Raum in deinem Inneren, du öffnest dich für neue Erfahrungen. Alles, was dir ein gutes und sicheres Gefühl vermittelt, kann dich dabei unterstützen.

Bitte um Schutz. Der Raum sollte sicher und geerdet sein, das ist Aufgabe des Seminarleiters. Aber du weißt nie, wer alles da ist und ob sich deine Energie nicht vielleicht mit den Energien der anderen verstrickt. Natürlich ist letztlich alles ein Spiegel, aber du spürst dich selbst nicht, wenn du dazu neigst, an den Energien der anderen herumzudoktern. Betrachte das Seminar, worum auch immer es in diesem gehen mag, gleichzeitig als Übung, bei dir zu bleiben und dich, nur dich, zu spüren. Bitte also die Engel oder die Krafttiere oder deine eigene Seele darum, dass du so durchlässig wie nötig, aber gleichzeitig so geschützt wie irgend möglich bist. Nimm einen Kraftgegenstand mit, einen Stein oder was immer für dich passt, und lege ihn während des Seminars neben dich. Bitte darum, dass er die Energie in sich aufnimmt. Es kann sehr sinnvoll sein, deine Erkenntnisse in ihn hineinzupusten, so, wie die Schamanen das mit Seelenanteilen machen. Immer wenn du eine wichtige Erkenntnis hast, puste sie in den Kraftgegenstand hinein, schreibe sie auf, und nimm sie gleichermaßen energetisch mit. Wenn du dich mit NLP auskennst, dann kannst du deine Erkenntnisse auch in dich einprogrammieren, indem du bestimmte Punkte an deinem Körper drückst. Atme die Erkenntnisse tief in den Bauch, oder erschaffe dir eine Kammer im Herzen, in die du die Energien, die du bekommst, als Farbstrahl, Liebe oder Wärme ablegst. Dann kannst du sie immer wieder abrufen. Je ganzheitlicher du mit all deinen Sinnen da bist, zuhörst, mitmachst, in dich aufnimmst – schwanger wirst! –, desto leichter wird dir der Zugang zu deinem neuen Wissen fallen, wenn du wieder zu Hause bist.

Stelle dir einen Schalter in deinem Gehirn vor, und schalte ihn auf »Empfang«, damit dein Gehirn so aufnahmebereit ist wie nur möglich. Und – ganz wichtig! – lass dich nicht von dem beeindrucken, was dir nicht gefällt, sondern nimm das auf, was dich weiterbringt. In jedem Seminar gibt es vielleicht auch Übungen, Ansichten oder Teilnehmer, die für dich nicht ganz passend sind. Lass sie liegen, und nimm dir das, was dir dient. Wenn du vor einem Büffet stehst, regst du dich auch nicht über das auf, was dir nicht schmeckt, sondern nimmst dir das, was du haben möchtest. Wie viel du nimmst, wie weit du dich öffnest und was du einlässt, liegt an dir, dafür bist du verantwortlich. Davon hängt in hohem Maße ab, wie viel Energie du in dein gelebtes Leben mitnehmen kannst. Du selbst bist der Speicher, also öffne dich, und nimm mit allen Sinnen auf, lass dich berühren, und atme.

Schreibe dir bereits während des Seminars auf, was du zu Hause in die Tat umsetzen kannst. Oft kommen Gedankenblitze, die genauso schnell wieder verschwunden sind, es lohnt sich, wenn du dir diese merkst. Ich erlebe es immer wieder als hilfreich, mir selbst in einer Seminarpause einen Brief zu schreiben, der mich an das erinnern soll, was ich gerade erkannt habe. Wenn du möchtest, dann nimm dir einen Briefumschlag samt Briefmarke mit, und bitte den Seminarleiter, dir diesen Brief nach ein, zwei Wochen zuzuschicken. Das tut er sicher gern, falls nicht (weil du vielleicht auf einer sehr großen Veranstaltung warst und ihn gar nicht persönlich gesprochen hast), dann bitte einen anderen Teilnehmer darum. Und wenn es gar nicht anders geht, dann schickst du ihn dir eben selbst zu. Das Schicken und das bewusste Empfangen sind wichtig, dadurch nimmst du die Botschaft anders auf, als wenn du es dir einfach nur aufschreiben würdest.

Dazu eine Teilnehmerin, Frau Rita N.:
»Für mich ist wichtig, bevor ich zu einem Seminar gehe, einen Engel zu bitten, hier an meiner Stelle zu Hause zu sein, um kein energetisches Loch zurückzulassen. Das hat sich für mich sehr bewährt, und ich werde seitdem von meinem Mann beim Heimkommen ganz anders empfangen. Manchmal, wenn ich viel zu tun habe, bevor ich zu einem Seminar gehe, bitte ich einen Engel in meinen Garten, einen ins Haus und einen in mein Büro. Jeweils denjenigen Engel, der sich angesprochen fühlt. Ich habe bisher noch nicht herausgefunden, wer da kommt, bzw. es gar nicht erst versucht. Auf jeden Fall ist es ein anderes Weggehen und ein anderes Heimkommen.

Zu Seminaren nehme ich mir gerne einen schönen Stein mit (einen Bergkristall oder was ich sonst gerade als passend empfinde), den lasse ich beim Seminar mit der dortigen Energie »bestrahlen« und stelle ihn mir dann zu Hause an einen Platz, an dem ich ihn möglichst oft sehe. So werde ich an das Seminar, an die dort gewonnenen Erkenntnisse, Eindrücke, sozusagen an die Essenz erinnert.«

Während des Seminars bist du in einem geschützten Raum, und es ist sinnvoll, dich so wenig wie möglich ablenken zu lassen. Je mehr du »da bist«, desto tiefer können die Prozesse wirken. Je nach Seminar geschieht die meiste Veränderung nicht durch das, was du lernst, sondern durch das, was du erlebst. Unser Gehirn lernt in erster Linie durch emotionale Erfahrungen. Je mehr du dich also durch das, was geschieht, berühren lässt, desto mehr geschieht in dir. Was will ich dir damit sagen? Lass dich ein. Auch wenn du den Sinn einer Übung nicht erkennst, auch wenn du unsicher bist, dich schämst oder es sogar irgendwie albern oder dumm findest, lass dich darauf ein, außer du spürst, dass dich ein Ritual wahrhaft überfordert. Ein guter Seminarleiter wird dir immer auch eine Ausweichmöglichkeit bieten – allerdings ohne dich allzu rasch flüchten zu lassen! Letztlich hast du immer die Wahl, dich einzulassen oder eben nicht, und am Ende trägst auch nur du die Verantwortung für deine Entscheidung. Und so darfst du jederzeit Ja, aber auch Nein sagen.

Ich weiß es immer sehr zu schätzen, wenn jemand wirklich überprüft, ob er eine Übung mitmachen will oder nicht. Natürlich freue ich mich sehr, wenn jemand mutig und kühn neue Wege geht, aber manchmal ist es geradezu offensichtlich, dass jemandem eine Übung zu intensiv ist, ihn zu sehr aus seiner Komfortzone herausreißt. Wir Seminarleiter wissen, dass unsere Teilnehmer das, was sie erleben, zu Hause auch verarbeiten müssen, und deshalb sind Achtsamkeit und Respekt vor der Energie des anderen die wichtigsten Werkzeuge. Manchmal birgt die Anerkennung des Nein eine größere Chance auf Heilung als die tollste Übung, weil du endlich auch mit deinem Nein gesehen und verstanden worden bist.

Du hast das Seminar gebucht, weil du dem Seminarleiter vertraust, zumindest hoffe ich das. Und so darfst du dich ihm auch anvertrauen, nicht, um ihm zu gefallen und um alles richtig zu machen, sondern um das zu nehmen, was er dir zur Verfügung stellt. Ein Seminar entsteht aus dem, was der Seminarleiter hineingibt, und aus dem, worauf sich die Seminarteilnehmer einlassen. Unterschätze nicht deinen eigenen Einfluss auf die Qualität des Seminars! Natürlich gibt der Leiter sein Bestes, das darfst du erwarten. Aber die wahre Begeisterung, das echte Feuer, kommt erst dann, wenn die Teilnehmer sich berühren lassen, wenn eine Resonanz entsteht. Gemeinsam erschafft ihr einen energetischen Raum, und je offener und bereitwilliger du dich auf das einlässt, was dir angeboten wird, desto freier fließt auch die Energie der Seminarleiter selbst.

Heißt das, du bist dafür verantwortlich, wie das Seminar läuft? Natürlich nicht. Aber du kannst immerhin einen Anteil dazu beitragen, und das ist doch gut!

Oft werden wir gefragt: »Wie gehe ich damit um, wenn ich nicht mehr unterscheiden kann, welche Gefühle meine eigenen sind und welche ich von den anderen Teilnehmern übernehme? Und was stimmt und brauche ich für mich, wie kann ich dem Sog der Gruppe entgehen? Wie kann ich beurteilen, ob das, was der Seminarleiter sagt, zu mir passt oder nicht? Anders gefragt: Wie kann ich meine Selbstverantwortung behalten?«

Ein Seminar zu besuchen bedeutet, du tauchst ein in einen unkontrollierbaren Strudel aus Energien, Wünschen, Anforderungen, Informationen und eigenen Prozessen. Es ist also wirklich schwierig, während dieser Zeit ganz klar zu unterscheiden, was zu dir gehört und was nicht, und manchmal funktioniert es auch nicht. Denn letztlich sind die anderen deine Projektionsfläche. Was aber, wenn du ernsthaft das Gefühl hast, dich selbst zu verlieren und dich im Strudel der fremden Energien aufzulösen? Es gibt einige Methoden, wieder zu dir zu kommen, die alle ganz einfach sind, die aber angewendet werden wollen:

Gehe spazieren, nimm dir in den Pausen Zeit, für dich zu sein. Wenn es dir zeitlich und räumlich möglich ist, dann setze dich an einen Baum, und bitte ihn, dich von allem zu befreien, was nicht wirklich zu dir gehört.

Ich schotte mich gern ab, indem ich schreibe. Wenn du in den Pausen Sätze aufschreibst, die mit »Ich fühle ...« anfangen, dann kommst du dir selbst wieder nah.

Rede mit dem Seminarleiter. Mike und ich arbeiten genau deshalb immer zu zweit, damit einer von uns für euch auch einzeln da sein kann, wenn ihr euch in Prozesse oder in fremde Energien verstrickt. Der andere hält die Gruppe weiter. Teile dem Seminarleiter mit, dass du in Not bist. Es ist seine Aufgabe, dann für dich da zu sein und nach einer Lösung für dich zu suchen.

Tanze. Wenn es dir möglich ist, dann schüttle alle Energien ab, die nicht zu dir gehören, indem du wild und frei tanzt – im Zimmer zur Musik aus dem iPod, im Seminarraum, in der Natur. Du brauchst vielleicht nicht einmal Musik dazu.

Setze dich in Gedanken der Person, deren Energien du so überdeutlich wahrnimmst, gegenüber. Stelle dir vor, eine goldene Acht beginnt, um euch herumzufließen. Alles, was nicht zu dir gehört, fließt von dir ab, alles, was der andere übernommen oder genommen hat, kommt zu dir zurück.

Manchmal nehmen wir gegen unseren Willen das Schicksal anderer auf uns, weil es ihnen zu schwer zu sein scheint oder es mit unserem eigenen in Resonanz gerät. Wenn du dich allzu intensiv mit einem anderen Teilnehmer beschäftigst, dann verneige dich innerlich vor ihm, und sage ihm: »Ich achte dein Schicksal.« Damit kannst du es besser bei ihm lassen.

Besonders, wenn du ein Wochenend- oder ein Urlaubsseminar gebucht hast, wirst du in näheren Kontakt mit den Teilnehmern kommen, auch wenn du das nicht immer willst. Überprüfe zunächst, ob die Struktur des Seminars, besonders der Freiräume, für dich passt. Vielleicht willst du nicht mit den anderen essen gehen, sondern Zeit mit dir selbst verbringen. Erlaube dir, »unhöflich« zu sein, es ist dein Seminar. Du musst sowieso die

Folgen dessen tragen, was du entscheidest. Bist du den anderen näher, als es dir guttut, musst du es ja auch verkraften, also erlaube dir, zu sagen, was du willst. Das Seminar bietet dafür einen hoffentlich geschützten Raum.

Übergriffigkeiten vermeiden

Es gibt verschiedene Arten der Übergriffigkeit, die wir in unseren Seminaren zu vermeiden versuchen, die aber immer wieder auftreten. Wehre dich bitte energisch dagegen, lass dich nicht drauf ein, gehe lieber in den Pausen weg, und verbringe deine Zeit allein.

Erstens: Ungebetene Therapie in der Pause

Du hast in der Gruppe einiges von dir preisgegeben, das ist sehr mutig und hilft dir weiter. Die Einzigen, die dafür zuständig sind, etwas dazu zu sagen, sind die Seminarleiter, denn die bezahlst du dafür, und du hast sie, indem du das Seminar bei ihnen gebucht hast, um Hilfe gebeten. Wenn sich Gruppenteilnehmer aufschwingen, dir Ratschläge zu erteilen, dir ihre Meinung oder ihre Gefühle zu dem, was du von dir gezeigt hast, nahezubringen, dann sind sie übergriffig, außer, du hast sie gefragt (dazu gleich mehr). Halte auch du dich bitte zurück. Zugegeben, es ist schwirig, wirklich nur bei dir zu bleiben, wenn du selbst als Therapeut oder Seminarleiter arbeitest; bist du doch sehr geübt darin, für andere mitzufühlen. Die Themen und Energien der anderen gehen dich aber einfach nichts an.

Du bist für DICH hier und nur für dich, und es kann eine immense Erleichterung sein, dich darauf zu besinnen.

Lass dich in der Pause nicht mit Ratschlägen füttern, sondern bleibe bei dir, und tue, was dir guttut. Versorge in der Pause bitte auch andere nicht mit dem, was du fühlst und weißt, sondern bleibe in deinem Gefühl für dich und in dem, was gerade bei dir geschieht. Warum? Damit deine eigenen Prozesse Raum haben. Bist du allzu sehr mit den Themen anderer beschäftigt, dann lenkt dich das womöglich von dir selbst ab. Bist du allzu sehr damit beschäftigt, anderen zuzuhören, gilt das Gleiche. Wenn dich also in der Pause jemand in ein Gespräch ziehen will, dann teile freundlich mit, dass du für dich sein willst. Jeder wird das verstehen (und falls nicht, dann ist es erst recht sinnvoll, dich zurückzuziehen). Es ist schwierig, besonders, wenn du co-abhängig bist, aber vielleicht bietet sich dir auch eine gute Gelegenheit, einmal auszuprobieren, wie es ist, für dich zu sorgen. Kommst du gar nicht klar, dann bitte den Seminarleiter, das anzusprechen, wir machen das fast immer.

Zweitens: Ungebetenes Teilen in der Pause

Es gibt immer wieder Seminarteilnehmer, die so in Not sind, dass sie auch in der Pause über sich reden und andere um Hilfe fragen. Bist du wirklich bereit, zuzuhören und deine Zeit zu teilen, so mache das. Sehr viel sinnvoller aber ist es, wenn du dir Zeit für dich selbst nimmst und die Prozesse der anderen bei ihnen lässt, außer, es tut dir gut, mit Gleichgesinnten zu reden. Gemeinsam Spaß zu haben ist natürlich immer heilsam.

Wenn du in Not bist, dann wende dich bitte an den Seminarleiter, nicht an die anderen Teilnehmer. Diese sind wie du in ihren Prozessen und brauchen ihre Zeit für sich, außerdem kannst du nicht sicher sein, dass sie dir wirklich helfen können, es ist einfach nicht ihre Aufgabe. Lass dich nicht hinreißen, die anderen in der Pause für dich zu beanspruchen, es sei denn, du fragst ganz ausdrücklich, ob die Person deines Vertrauens bereit ist, dir ein wenig Zeit zu schenken. Lass sie sich frei entscheiden, schließlich hat sie wie du für das Seminar bezahlt und ist wie du bedürftig, sonst wäre sie ja nicht hier.

Lass dich nicht dazu verführen, den Therapeuten oder Zuhörer für jemand anderen zu spielen, egal, wie sehr er in Not ist, denn das ist Aufgabe des Seminarleiters. Du brauchst deine Zeit für dich, es sei denn, du verschenkst sie ganz bewusst und freiwillig. Sei dir der Tendenz bewusst, dich von dir selbst abzulenken, indem du für andere da bist, und nähre dich selbst dreimal, bevor du für andere da bist – in einem Seminar hast du Gelegenheit, das zu lernen.

Fühlst du dich wirklich zu sehr verstrickt, ist das alles nicht stimmig für dich, dann steht es dir natürlich auch frei, das Seminar abzubrechen, manchmal ist das die richtige Entscheidung – sei aber sehr achtsam, ob du nicht vor deinen eigenen Prozessen flüchtest. Ein guter Seminarleiter wird dich nicht nötigen, zu bleiben, denn am Ende musst du das ja auch alles tragen.

Du siehst schon, es gibt keine eindeutigen Hinweise, was für dich richtig ist. Letztlich aber kannst du sowieso nicht allzu viel falsch machen. Bleibe bei dir, achte auf dich, nimm dir Zeit für dich.

Dos and Don'ts

› Lass dich nicht in therapeutische Gespräche mit Teilnehmern ziehen.
› Nötige anderen keine therapeutischen Gespräche auf.
› Verwickle dich nicht in Diskussionen über die richtige Lebensführung, weder über deine eigene noch über die der anderen.
› Lass das, was für dich nicht stimmt, dort, wo es hingehört, und nimm nur das, was dir nach sorgfältiger Prüfung guttut.
› Sei dennoch offen für andere Sichtweisen, deshalb bist du ja im Seminar.
› Halte dich fern vom Lamentieren und Jammern anderer.
› Halte dich fern von deinem eigenen Jammern und Lamentieren.
› Nimm dir Zeit für dich, tue das, was dir guttut.
› Sei pünktlich, und achte die Räume und Rituale der Gruppe.
› Ziehe immer wieder deine Energie zu dir zurück, damit sie sich nicht allzu sehr mit denen der anderen verstrickt.
› Schlafe möglichst mit keinem der Teilnehmer (und schon gar nicht mit dem Seminarleiter!) während das Seminar läuft, außer, es ist ein Tantra- oder Quodoushka-Seminar und es gehört zum Prozess (die energetische Verstrickung ist sonst einfach zu krass, und die Gefahr ist groß, Sex zu nutzen, um die eigenen Themen nicht spüren zu müssen). Der Seminarleiter ist immer tabu. Immer. Bietet dir ein Seminarleiter Sex an, dann tust du gut daran, das Seminar zu verlassen, gerade wenn es dich sehr triggert. Die Gefahr einer von beiden Seiten aus süchtigen Verstrickung, die dir entschieden mehr schadet als nutzt, ist so groß, dass ich wirklich nur ausdrücklich warnen kann.

Nach dem Seminar

Die Verantwortung wieder zu dir zurücknehmen

Du hast dich für einen oder gar ein paar Tage fallen lassen können, hast Energie von anderen bekommen und dich sicherlich aufgehoben und geborgen gefühlt. Du warst bereit, vieles von dem, was dir andere gegeben haben, in dich aufzunehmen, dich vertrauensvoll zu öffnen, und du hast sicher auch deine Bedürftigkeit gespürt. Dein inneres Kind konnte sich entspannen, und du warst energetisch versorgt. Das alles war sehr sinnvoll und gesund – der Grund, weshalb man in ein Seminar geht. Auf eine Weise war der Seminarleiter wie ein Vater oder wie eine Mutter, er hat dich mit Energie genährt, dich etwas gelehrt. Du hast ihm vertraut und energetische Fäden zu ihm gesponnen; das war auch wichtig, sonst hättest du nichts auf- und annehmen können.

Doch nun wird es Zeit, wieder die volle Verantwortung für dich selbst zu übernehmen – wenn du das nicht schon längst getan hast. Der beste Zeitpunkt dafür ist gleich nach dem Seminar, noch im Raum, wenn ihr die Verabschiedungsrunde macht. Stelle dir dazu bitte vor, dass du all die Fäden, die du zu anderen gesponnen hast, mit ein paar tiefen Atemzügen wieder in dich einatmest. Du bleibst sonst auf eine nicht immer gute, weil abhängige Weise mit dem Seminarleiter oder auch mit Teilnehmern verbunden. (Jetzt verstehst du, warum Seminar-Sex keine gute Idee ist, die Fäden sind einfach zu stark, und etwas von dir bleibt hängen.)

» ÜBUNG

Stelle dich in Gedanken bitte in eine Lichtsäule. Sieh, wie du durch Energiefäden mit dem Seminarleiter und auch mit den anderen Teilnehmern verbunden bist – hoffentlich auf befruchtende, aber möglicherweise auch auf energieraubende Weise. Atme all deine Fäden, all die Fragen, die Wünsche, Ansprüche, deine Bedürftigkeiten, deine Projektionen und alles, was in dem Seminar entstanden ist, zu dir zurück und in dich ein. Atme also alle Fäden, die du zu anderen gesponnen hast, zu dir zurück.

Brauchst du stärkere Maßnahmen, dann bitte darum, dass sie durchgeschnitten werden. Wenn du magst, dann rufe Erzengel Michael, er benutzt sein Schwert, um dich zu befreien. (Ob du an Engel glaubst oder nicht, ist völlig egal, es kann einfach ein sehr hilfreiches inneres Bild sein.) Du kannst auch ein Krafttier rufen, das dir hilft, deine Energien zu dir zurückzuholen. Es beißt oder knabbert alle Fäden durch, die sich nicht stimmig anfühlen, und hilft dir, die Lichtfäden zu dir zurückzuziehen.

Mit der nächsten Ausatmung kannst du dann alles loslassen, was du nicht mehr brauchst, aber zunächst atme es bitte ein, damit es wieder bei dir ist.

Und nun bitte darum, dass dir das Licht der Lichtsäule dabei hilft, auch all die Fäden der anderen, deren Projektionen und Wünsche an dich, aufzulösen. Besonders die unguten, nicht stimmigen Projektionen, Wünsche und Vorstellungen über dich werden radikal abgelöst – radikal deshalb, damit du dich selbst wieder spürst und nicht im Spiegelbild gefangen bleibst. Nicht alles, was andere über dich glauben und meinen, gehört zu dir, nicht alles ist ein Spiegel. Manchmal ist es wirklich nur eine Projektion. Das Licht hilft dir, dich selbst wieder wahrzunehmen.

Und dann, wenn du dich gereinigt und wieder bei dir fühlst, bitte darum, dass du ein neues, gereiftes Selbst wahrnehmen kannst, jenes Selbst, das durch das Seminar lernen und reifen durfte. Vielleicht erkennst du nun noch einige Aspekte, die du bislang nicht gesehen hattest. Nimm dieses neue Selbst tief in dich auf, oder, wenn du das noch nicht kannst, bitte es, nach und nach in deinem Leben wirksam zu werden.

Bleibe noch ein wenig in der Lichtsäule stehen, lass dich durchströmen, und komme dann nach einer Weile wieder zurück – neu, anders, gereinigt und mit einigen Erkenntnissen.

Es kann sehr hilfreich sein, den letzten Teil dieser Übung immer wieder zu wiederholen, damit du in Kontakt mit deinem gereiften Selbst, mit deiner neuen Blaupause, dem Potenzial, das du bekommen hast, bleibst.

Dieses Reinigen entlastet den Seminarleiter, aber vor allem nimmst du die Verantwortung wieder zu dir zurück. Oftmals ist es deshalb so schwer, die Energien im Alltag umzusetzen, weil wir nicht aus der Rolle des Schülers, der nun einmal nicht ganz für sich selbst verantwortlich ist, herauskommen. Wir hoffen, dass ein Lehrer kommt und uns sagt, was wir tun sollen, wie das während des Seminars geschehen ist. Sei bereit, die volle

Verantwortung für dich und deinen Weg zu dir zurückzunehmen, und ziehe die Fäden vom Seminarleiter ab und zu dir zurück. Erst dann bist du wirklich in der Lage, dein Gelerntes und Erfahrenes selbstverantwortlich in dein Leben zu integrieren – sonst bleibst du ein fragendes Kind, das mit großen Augen darauf wartet, dass man ihm sagt, was es tun soll. Das war während des Seminars sinnvoll, damit du dich wirklich öffnest, aber nach dem Seminar dient es dir nicht mehr. Diese Übung ist wirklich wichtig, denn sie bildet die Basis dafür, dass du deine Erkenntnisse umsetzen kannst. Das innere Kind wird davor zurückschrecken, weil es Veränderung bedeutet, aber der innere Erwachsene kann das.

Frau Birgit S. schenkt uns folgende Erkenntnisse:
»Nach dem ersten Seminar war mein Hirn so vollgepackt mit Emotionen und Informationen, dass ich auf positive Weise ganz schön aufgedreht war. Ich fuhr sofort nach Hause und stürmte in die Wohnung. Ein großer Fehler ... die ganze Energie war weg, und ich fühlte mich abends total ausgelaugt und leer ... aber ich bin ja lernfähig.
Mittlerweile nehme ich mir die Zeit und bleibe ein paar Minuten im Auto sitzen (vor und nach der Fahrt) und gehe das Seminar noch einmal durch. Was hat mich berührt? Was fühlt sich wichtig an, und was muss noch ein bisschen arbeiten, bis ich es ganz verstehe?
Es hilft mir auch immer, mir ein paar Dinge während des Seminars aufzuschreiben, zum Beispiel die Krafttiere, Engel, Farben, die ich wahrnehme. Oft lese ich Dinge noch einmal nach (z. B. in Bezug auf Krafttiere), oder ich stöbere im Internet (bei Farben und En-

geln, die mir besonders am Herz liegen). Ich probiere auch in den Tagen nach dem Seminar, mich noch oft daran zu erinnern und nachzuspüren, was das Seminar mit mir gemacht hat. Ganz selten rede ich mit Freunden oder der Familie über das Seminar. Ich habe für mich die Erfahrung gemacht, dass die Wirkung des Erlebten sehr schnell ›verpufft‹, wenn ich mit anderen darüber spreche. Es gibt nur ein oder zwei Leute, mit denen ich das kann, ohne das Gefühl zu haben, dass die Energien verschwinden.«

Warum »verpufft« die Energie oft, wenn wir mit anderen darüber reden? Eine Verpuffung ist eine blitzartige chemische Reaktion, eine explosionsartige Entzündung von Gas, die eine kurzfristige Druckerhöhung, eine Druckwelle, erzeugt, welche aber rasch wieder in sich zusammenbricht. Die entstehende Hitze setzt meistens das Umfeld in Brand.

Lässt du diese Druckwelle dort wirken, wo du echte Veränderung erleben willst, dann ist die Explosion, die aus der Verpuffung folgt, sehr sinnvoll. Sprichst du also mit Menschen, die dich unterstützen, dann werden sie dich erinnern, dir Raum geben, wenn du das, was du gelernt hast, wieder vergessen solltest.

Lässt du die erhaltene Energie aber an ungeeigneten Stellen wirksam werden, so bringt sie keinen Nutzen, sie ist am Ende einfach weg, hat nichts bewirkt. Wenn du also mit Menschen redest, die dich nicht verstehen, dann bekommst du eine kurze Reaktion, die dir nichts nutzt, weil sie meist negativ ist und dich nicht unterstützt. Kontrollierte, gezielt eingesetzte Verpuffungen sind sehr hilfreich, nämlich da, wo es gilt, Grenzen zu sprengen. Deshalb hüte die Energie, die du bekommen hast, und setze sie sinnvoll ein!

Meistens geschieht leider gar keine Verpuffung, sondern die Energie bleibt einfach ungenutzt.

Verstehe bitte, dass es nahezu unmöglich ist, die emotionale Energie des Seminars zu halten, denn diese wirkt auf das Gehirn beinahe wie eine Droge. Einige Seminarleiter arbeiten geradezu damit, dich mit positiver Energie anzufüllen – das macht süchtig. Ernsthaft.

Das Leben findet auf einem gemäßigten Niveau statt, weil du sonst zu viel Energie verbrauchst. Du hast einen bestimmten Hormonspiegel, auf den sich dein Körper eingerichtet hat. Damit du mit möglichst wenig Energie möglichst viel leisten kannst – das Grundprinzip der biologischen inneren Steuerung –, regelt dein Gehirn dein Hormonsystem auf sein gewohntes Niveau zurück, wenn die Reize von außen wegfallen. Deine Hormone und damit auch dein Gefühlsleben pendeln sich auf das Vertraute ein.

Es ist eine Illusion, die Höhenflüge, die du beim Seminar erlebt hast, zu Hause halten zu wollen, darum sollte es auch nicht gehen. Es sollte um die Essenz dessen gehen, was du durch diese Höhenflüge erfahren hast, sonst wirst du ein von diesen Emotionen abhängiger Junkie – das passiert rasch. Und so ist ein Seminar nicht unbedingt erfolgreich gewesen, nur weil du danach supergut drauf warst und dieser beinahe rauschartige Zustand noch ein paar Tage lang anhielt. Dann hattest du einfach einen charismatischen Seminarleiter mit einer guten Wirkung auf deine Serotonin-Ausschüttung, was ja auch wundervoll sein kann. Es bringt nur nicht viel. Ein Seminar war für dich erfolgreich, wenn du viele Inhalte für dich mitnehmen konntest, viele Werkzeuge erfahren oder einfach viele Erkenntnisse erhalten hast.

Nimm Abschied von deinem Wunsch, den emotionalen Verliebtheitszustand in dich und das Leben aufrechterhalten zu wollen, dein Gehirn wird das aus rein energiewirtschaftlichen Gründen nicht erlauben.

Es regelt sich selbst herunter, und wenn es immer wieder neues »Dope« bekommt, dann stumpft es ab. Denn es ist purer Stress, permanent auf einem emotionalen Höhenflug zu sein.

Lass dir kein »spirituelles Dope« andrehen. Lass dich nicht verführen, sondern belehren. Wenn du allzu sehr zum Seminarleiter aufschauen musst, wenn er allzu großartig ist, dann verführt er dich womöglich.

Natürlich darfst du tief beeindruckt sein, das bin ich auch von meinen großen Meistern, und ich mag das Gefühl. Es IST beeindruckend, wenn jemand daherkommt und dich etwas lehren kann. Dennoch braucht es eine gewisse Berührbarkeit des Lehrers, sonst besteht die Gefahr, dass du eine spirituelle Droge bekommst oder dein eigenes Selbstwertgefühl zu sehr schrumpft. Und dann wirst du abhängig, aber selbst das ist für eine gewisse Zeit völlig in Ordnung. Ich habe sehr viel spirituelle Nahrung gebraucht, viele Bücher und Seminare, bis ich beginnen konnte, mich meinen eigenen schmerzlichen Themen zu stellen. Doch irgendwann kommst du um deine persönliche psychische Arbeit nicht herum. Denn das bedeutet es, den Himmel auf die Erde, das höchste Licht in deine Emotionen, deine Handlungen, deine Gedanken zu bringen.

Die Ergebnisse des Seminars zeigen sich nüchtern und bei Tageslicht, nicht in der Hochstimmung nach einer Meditation im Kerzenschimmer.

Der Altar

Du hast in dem Seminar etwas Neues für dich erfahren, und jetzt wird es Zeit, zu Hause Platz dafür zu schaffen. Es ist ganz einfach: Wenn du im Urlaub ein wunderschönes Mitbringsel kaufst, eines, das es nicht an jeder Ecke gibt, sondern etwas ganz Besonderes, dann bekommt es in deinem Zuhause sicher einen Ehrenplatz. Wenn es keinen Platz gibt, dann wirst du sicher ein wenig umräumen und eventuell etwas anderes, nicht mehr Passendes weggeben, oder? Und hier ist es genauso. Du hast ein sehr wertvolles Mitbringsel gefunden, nämlich einen neuen Teil von dir selbst, und dieser braucht nun Platz, sonst verstaubt er im Koffer. Dann müsstest du dir weiterhin die alten Sachen anschauen, auch die, die längst entsorgt gehören. Dazu käme das nagende Gefühl, dass du es mittlerweile eigentlich besser wissen müsstest. Tue dir das nicht an! Finde einen Platz für dein neues Ich.

» ÜBUNG

Suche dir bitte eine schöne Ecke in deiner Wohnung, und erschaffe dir einen Altar oder einen Erdtopf. Ein Altar oder/und ein Erdtopf sind wie Kristallisationspunkte, an denen du Energie sammeln und halten kannst. Warum ist das wichtig? Weil du dein Potenzial in Handlung umsetzen musst, damit Veränderung geschehen kann. Eine Handlung kann selbstverständlich auch darin bestehen, etwas nicht mehr zu tun! Dann ist das Tun, um es bejahend auszudrücken, die Abstinenz vom süchtigen oder wenig hilfreichen Verhalten. Abstinent sein ist eine Handlung.

Ganz bewusst legst du die Gegenstände und Symbole auf den Altar oder in den Erdtopf, die dich mit dem verbinden, was du für dich halten, haben oder erfahren willst. Mache einen Spaziergang, und öffne dich dafür, genau das — den Stein, den Ast, das Blatt, die Feder — zu finden, was dir die Energie des Seminars, die Erkenntnisse, die für dich wichtig sind, zugänglich macht, und lege es auf den Altar. Schreibe dir selbst einen Brief darüber, was du dir selbst sagen, woran du dich erinnern willst, und lege ihn auf den Altar.

Ganz kurz zur Erklärung: Ein Erdtopf ist tatsächlich ein Topf oder eine Schale, die du mit Erde füllst, als Symbol für die nährende Kraft von Mutter Erde. Auf diese Erde legst du nun symbolisch alles, was genährt werden soll: deine finanzielle Fülle, deine Beziehungen, aber natürlich auch deine Lebenskraft, deine Schöpferkraft und deine Inspiration. Symbole und Rituale wirken tief ins Unterbewusste hinein und stärken deine Absichten, richten dich selbst aus und helfen dir, bewusste Verantwortung für das, was du verwirklichen willst, zu übernehmen und dich immer wieder daran zu erinnern. Einen Altar zu erschaffen bedeutet, »etwas in die Tat umzusetzen« – zunächst nur symbolisch, doch es ist ein guter Anfang. Wenn dein Altar schon etwas länger besteht und er damit ein stabiler, wirksamer Bestandteil deines Lebens geworden ist, Ausdruck deiner Absichten und Lebensziele, dann genügen manchmal schon kleine Anpassungen, um echte Veränderungen auch im Außen zu erreichen. Ein genutzter und lebendiger Altar oder Erdtopf ist wie eine Gebärmutter, in die du hineinlegst, was genährt und geboren werden soll. Je bewusster und sorgsamer du diesen Altar nutzt, desto mehr wird er zu einer echten Kraftquelle und einem echten Hebel, mit dem du deine Welt aus den Angeln heben kannst.

Überprüfung

Nimm dir bitte Zeit und etwas zum Schreiben. Dir Zeit zu nehmen ist eine Grundvoraussetzung, um neue Ziele zu erreichen.

» ÜBUNG

Schreibe nun bitte auf, was dir das Seminar gebracht hat, welche Erkenntnisse du hattest, sichte und ordne deine »Beute«. Das, was dir nicht gefallen hat, sortierst du einfach aus, es hat nichts mit dir zu tun und war nicht für dich bestimmt. Schaue dir an, was du während des Seminars aufgeschrieben hast, und schreibe es noch einmal neu, beschäftige dich noch einmal bewusst mit den Inhalten. Überprüfe, ob Fragen oder Unstimmigkeiten offengeblieben sind, die dich daran hindern, das Gelernte umzusetzen.

Falls es so ist, frage den Seminarleiter, ob er deine Fragen beantworten kann. Manchmal ist ihm das nicht möglich, denn auch er braucht klare Auszeiten, doch sicher wird er dir eine andere Hilfe anbieten, ein Buch, das du lesen, eine CD, die du hören kannst.

Schreibe dir vor allem auf, was für dich neu war.

Formuliere noch einmal deine ursprüngliche Absicht, und denke daran: Du hast das Seminar für dich besucht, nicht für den Seminarleiter! Du brauchtest ihm nicht zu gefallen, und dein inneres Kind musste nichts richtig machen. Es ist wirklich sinnvoll, deinem inneren Kind zu versichern, dass es nicht geprüft worden ist.

Filtere also heraus, was du für dich anwenden willst und was nicht, welche Antworten, Erfahrungen und Erkenntnisse du in deinem Leben nutzen bzw. umsetzen möchtest. Trenne die Spreu vom Weizen.

Eine Teilnehmerin schrieb mir folgende Erfahrung:
»Ich fand es am schwierigsten, das Ganze zu Hause ALLEIN nachzuvollziehen. Im Seminar wird man hindurchgeführt, und man hat sich extra dafür Zeit genommen (sonst wäre man ja nicht im Seminar). Zu Hause muss man schauen, was die Zeit zulässt – das ist ja noch zu handhaben –, aber dann sitzt man da alleine und weiß nicht genau, wie man anfangen soll, d.h. der Einstieg ist so schwierig. Am Anfang habe ich mir dann die CD genommen und mithilfe dieser erst einmal die vorbereitenden Übungen (Reinigung Aura usw.) gemacht und am Ende dann eine Tierkommunikation. Das nur als Beispiel, bei anderen Themen wird es genauso gehen.

Es ist super, wenn beim Seminar die Meditationen mitgeschnitten werden und man diese dann auf einem USB-Stick mit nach Hause nehmen kann. Dann kann man jederzeit wieder dort ansetzen. Oft ist es hilfreich, Meditationen ein paar Mal zu machen, das Ergebnis ist immer wieder neu.«

Eine andere Teilnehmerin:
»Das schönste und beste Seminar mit wichtigen Inhalten ›versandet‹, wenn man das Gehörte oder Erfahrene nicht für sich umsetzt ... in welcher Form auch immer. Ich habe mir darum angewöhnt, Notizen zu machen, falls es keine Seminarunterlagen in Schriftform gibt. Diese Notizen schreibe ich danach noch ins Reine, um damit das Erfahrene noch einmal zu reflektieren. Was an Inhalten für den Moment wichtig ist, bleibt dann schon präsent. Es schadet nicht, sich ab und zu die Aufzeichnungen noch einmal zu nehmen und zu prüfen, ob man auch wirklich etwas umgesetzt hat oder ob der Alltag mit seinen Gewohnheiten wieder zugeschlagen hat. Ich habe auch schon oft erlebt, dass ich zu einem späteren Zeitpunkt einige Infos viel besser annehmen konnte oder sie ganz anders und neu verstanden habe.«

Die Umsetzung: Inventur und Handlungsplan

Woran scheitern wir meistens, wenn wir etwas umsetzen wollen? Wir haben keinen Plan.

So nimm dir bitte Zeit, dir dein Leben in aller Ruhe anzuschauen, und mache eine Art Inventur. Das kann ganz schnell und intuitiv geschehen oder langsam und gründlich. Tue das möglichst bald nach dem Seminar, bevor dich die energetischen Fallstricke deines Alltags wieder daran hindern.

» ÜBUNG
Schreibe dir auf:
› Was will ich ändern?
› Was traue ich mir zu zu ändern?
› Was ist der erste Schritt zur Veränderung?

Nimm dir bitte höchstens drei Lebensthemen vor, höchstens drei Veränderungen, beschreibe diese aber bitte ganz konkret. Wenn du etwas verändern und in die Tat umsetzen willst, dann brauchst du eine To-do-Liste, keine vage Vorstellung, sondern eine echte Bedienungsanleitung. Also schreibe dir bitte eine auf.

Hier ein Beispiel:
Du besuchst ein Seminar bei uns zur Heilung des inneren Kindes. Du erkennst, wie oft du aus dem Kind heraus handelst, du bekommst Werkzeuge, um es zu beschützen, viele Ideen und Meditationen. Deine ursprüngliche Absicht war, im Beruf nicht mehr so empfindlich zu sein und dich auch in deiner Beziehung sicherer und stabiler zu fühlen, vielleicht steht sie auf der Kippe. Nun kommst du nach Hause, überprüfst die Werkzeuge und entscheidest dich, drei Themen anzugehen.

Wie kannst du dein Wissen nun umsetzen?

Inventur: Drei Themen:
> Ich möchte, wenn ich einen Vortrag halte, weniger nervös und ängstlich sein.
> Ich will, wenn ich mit meinem Liebsten spreche, erwachsen reagieren und bei mir bleiben.
> Ich will selbstbestimmter leben und auch mal Nein sagen können.

To-do-Liste:
Ich schicke mein inneres Kind in den schützenden Zaubergarten, bevor ich einen Vortrag halte: Meditation üben und mir eine Erinnerung für Vortragstage in den Kalender schreiben.

Ich nutze die Technik des Redestabes, wenn ich mit meinem Liebsten spreche. Ich achte darauf, dass mein inneres Kind nicht an seinem Hosenbein hängt, sondern bei mir steht, und ich gebe es, wenn nötig, in die Obhut seines Schutzengels, damit mein innerer Erwachsener die Hände frei hat: Redestab besorgen; mir Zeit nehmen, bevor ich ein wichtiges Gespräch führe; darauf achten, dass das innere Kind wirklich versorgt ist, und immer wieder innerlich überprüfen, ob es noch in den Armen des Schutzengels ist! Sonst: Auszeit erbitten und für mich sorgen.

Wenn ich Nein sagen will, dann stelle ich mich in eine Lichtsäule und verspiegele sie, ich stelle mich in eine goldene Acht, und ich übe zu Beginn mit Menschen, die mich nicht allzu sehr berühren und mir nicht allzu nahe sind. Erster Schritt: Morgen am Telefon – goldene Achten malen und mir eine Zeit festlegen, wie lange ich zur Verfügung stehe.

Du schreibst dir also ganz konkret auf, was du tun willst, wie du dich an die Werkzeuge erinnern willst und wann du dir selbst Zeit einplanen solltest, um zu üben, sie anzuwenden. Denn sonst verlierst du sie im Alltag, weil du sie noch nicht geübt hast.

Loslassen und vertrauen

Du hast in deinem Seminar eine Menge gelernt – doch vieles, sehr vieles ist geschehen, ohne dass du es bewusst erlebt hast. Einiges kannst du nicht greifen, obwohl du spürst, es ist da. Doch weil es nicht greifbar ist, weißt du natürlich auch nicht, wie du dir diese Energie zunutze machen kannst. Hier brauchst du ein ganz besonderes Werkzeug: Vertrauen in das Leben selbst. Das Leben will dich. Du bist ein Teil der allumfassenden, alles durchströmenden Energie, und diese Energie wirkt auch dann, wenn du dir ihrer nicht bewusst bist. Sie wirkt durch Ideen, Impulse, Einfälle; sie wirkt, indem du Dinge auf einmal anders machen willst als bisher; du bekommst einen anderen Blickwinkel. Diese Energien wirken – du kannst sie nicht bewusst in Taten umsetzen, aber du kannst eine Menge tun, damit sie wirken können. Du kannst nämlich ERLAUBEN, dass sie wirken. Indem du deinen Impulsen folgst, auch wenn du nicht weißt, wohin sie dich führen, gibst du dem Neuen in dir Raum. Indem du dir erlaubst, die Dinge einmal anders zu sehen, neuen Einfällen Gehör zu schenken, dich auf dich selbst neu einzulassen, veränderst du dich. Daher ist das Geschehenlassen von Ungewohntem nach einem Seminar so wichtig, denn du weißt nicht, wie sich die Energie in die Tat umsetzen lassen, auf welche Weise sie dein Leben verändern will. Und ja, das erfordert Mut, denn deine übliche Kontrolle dient dir hier nicht, du kannst nichts tun, sondern musst geschehen lassen. Du wechselst vom männlich-aktiven Modus in die weibliche Hingabe. Doch auch diese Hingabe ist alles andere als passiv. Du schaust genau hin, fühlst, ob sich das, was neu ist, gut anfühlt. Du weißt noch nicht, wie sich dieses Neue manifestiert, welche Form es annimmt, aber du weißt, ob etwas stimmig ist oder nicht, ob du gut atmen kannst, ob sich etwas in dir entspannt und weitet oder ob es eng wird und sich aufgesetzt anfühlt, nicht zu dir passt.

Hier sind die häufigsten Fragen, die mir dazu gestellt wurden:

Woher nehme ich nun das Durchhaltevermögen, den Willen, die Kraft und die Lust, auch am Thema dranzubleiben? Oder die Zeit für die tägliche Meditation?
Auch wir Seminarleiter haben nicht immer Lust, uns mit unserem Prozess auseinanderzusetzen, auch wir meditieren nicht alle täglich. Letztlich ist die Beschäftigung mit dir selbst, wie alles andere auch, eine Frage der Gewohnheit. Immer, wenn du dir eine neue Gewohnheit antrainierst, brauchst du viel Energie und Zeit, denn dein gesamtes System muss sich umstrukturieren. Es ist sehr hilfreich, mit einem täglichen Ritual zu beginnen – zu einer festgelegten Zeit zu schreiben, einen Spaziergang zu machen, wild zu tanzen, eine Yogaübung zu halten, eine Teezeremonie oder was immer dir guttut. Doch sei nicht allzu streng mit dir selbst, und lass dir vor allem helfen.

Vielleicht brauchst du immer mal wieder einen Energieschub, das ist ganz normal. Also besuche Meditationsgruppen, buche ab und zu eine Einzelsitzung, eine Massage oder ein weiteres Seminar. Hier gilt dasselbe wie immer: Bleib dran! Und wenn du dich dabei erwischst, wie du in alte Gewohnheiten zurückverfällst, dann schaue, ob deine Absicht überhaupt noch stimmig ist. Wenn wir aufhören, uns mit uns selbst zu beschäftigen, dann geschieht dies oft aus dem Grund, dass wir enttäuscht sind, weil die Ergebnisse auf sich warten lassen oder wir nicht das erreichen, was wir wollen. Überprüfe immer wieder deine Absicht, prüfe, ob dir das, was du tust, auch wirklich Spaß macht, ob es dir dient und ob es zielführend ist. Sonst nutzt es dir nichts, und dann ist es kein Wunder, dass du keine Lust mehr hast. Sich mit sich selbst zu beschäftigen soll keine lästige Hausaufgabe sein, sondern es darf und soll Spaß machen und dir Kraft geben!

Darf ich die Übung auch abändern, sodass sie für mich stimmiger ist, oder verliert sie dann die Wirkung?
Das hängt natürlich von der Übung ab. Wenn du einen Apfelkuchen backen willst und du tauschst das Obst aus, dann bekommst du etwas anderes. Doch im Allgemeinen darfst du das tun. Schaue nur bitte genau hin, ob du es dir leichter machen willst, also ob du dich vor einer Hürde drückst, deren Überwindung wichtig und richtig wäre, oder ob die Übung tatsächlich nicht ganz stimmig für dich ist. Im Zweifelsfall frage den Seminarleiter. Wenn er nicht narzisstisch veranlagt ist und deshalb darauf besteht, dass sein Wort in Stein gemeißelt ist, dann wird er dir eine für dich nachvollziehbare und stimmige Antwort ge-

ben, egal, ob ja oder nein. Wenn dir eine Übung wirklich nicht stimmig erscheint, dann lass sie weg oder finde eine andere – aber, noch einmal, denn das ist wichtig, drücke dich nicht vor einer Schwelle. Suche dir in diesem Fall lieber Hilfe.

Was mache ich, wenn mir die Erkenntnisse aus dem Seminar im Alltag total weltfremd vorkommen?
Dann hat dein innerer Zensor ganze Arbeit geleistet. Denn das, was du im Seminar für dich erkannt hast, kam ja auch aus dir heraus und war somit Teil deiner Welt. Überprüfe bitte, ob es dir wirklich weltfremd vorkommt oder ob du eine zynische innere Stimme hörst, die womöglich gar nicht deine eigene ist. Lass dich nicht aus deinem inneren klaren und friedlichen Zustand bringen. Du hast hart dafür gearbeitet, diese Erkenntnisse zu erlangen. Wenn irgendjemand deine Erkenntnisse anzweifelt, dann grenze dich energisch ab, und schütze dich selbst und das, was du für dich als wahr erkannt hast.

Der Protest und die Abwehr, die du erlebst, wenn du dich veränderst, sind immer stark, und manchmal kommen sie aus dem eigenen Inneren. Jeder, der seinen eigenen Weg geht, bekommt den Gegenwind derer ins Gesicht geblasen, die es sich gern auf Kosten anderer bequem machen, selbst wenn das ein eigener innerer Teil ist, der Angst vor Veränderungen hat. All die, die sich gern an dich anlehnen und von deiner Energie profitieren, werden dich bremsen und versuchen, dir deine Wünsche und Träume auszureden. Erlaubst du das? Bist du so entmutigt oder zynisch geworden, hat dich das Leben so sehr enttäuscht oder verletzt, dass du nicht mehr an deine Träume glaubst? Der einzige Unterschied zwischen jemandem, der seine Träume lebt, und jemandem, der es nicht tut, ist, dass der erfolgreiche Träumer immer weitergemacht hat. Er hatte es sicherlich auch nicht leichter als du. Aber er nahm sich ernst und gab nicht auf. Wünsche und Träume auf der Erde zu verwirklichen ist weder romantisch noch leicht. Es ist, wie alles, Arbeit, und es braucht Zeit. Du entscheidest, was du glaubst und was nicht und welcher inneren Stimme du folgst, das gehört zum Reifeprozess. Ein Teil von dir findet das, was du für dich erlebt hast, albern? Soll er. Als Handlungsgrundlage aber taugt er absolut nicht, er hat nur Angst, Verantwortung zu übernehmen, und gehört womöglich gar zum inneren Kind, das nicht bestraft werden will, wenn es Fehler macht.

Was ist, wenn mich ein Seminar so aufgewühlt hat, dass es mir schlecht geht?
Dann suche dir bitte Hilfe. Es kann gut sein, dass sich Themen zeigen, die bearbeitet werden wollen. Ein Seminar ist immer der Beginn von etwas. Durch das Seminar hat sich deine Energie erhöht, und dadurch siehst du deutlicher, in welchen Lebensbereichen Not herrscht, wo etwas verdrängt oder unterdrückt wird. Du hast in dem dunklen Keller, den du bislang vielleicht höchstens mit einer flackernden Kerze betreten hast, Flutlicht angeschaltet, und nun ist es an der Zeit, aufzuräumen. Das Seminar kann nur das Licht anschalten und dir ein paar Hinweise und Werkzeuge geben, den Keller aufräumen musst du selbst. Aber auch dabei darfst du um Hilfe bitten, deine geistigen Führer und Lehrer sowieso, aber auch hilfreiche Freunde und Therapeuten. Es ist wirklich wichtig, zu verstehen, dass nach dem

Seminar nicht alles auf einmal super ist, sondern dass dadurch Prozesse in Gang gebracht werden, die im Alltag, in deinem gelebten Leben, umgesetzt werden wollen und müssen. Und oft genug brauchst du dabei zunächst Hilfe.

Soll ich mich trauen, den Seminarleiter noch einmal zu kontaktieren, wenn ich Fragen habe?
Das sprich bitte mit dem Seminarleiter selbst ab. Wir zum Beispiel sind so eingespannt, dass wir gar keine Zeit haben, E-Mails ausführlich zu beantworten, und viele Fragen sind eher verdeckte Coachingwünsche. Aber ganz sicher kannst du immer per E-Mail anfragen, ob du Fragen stellen darfst. Das Sinnvollste ist, wenn du schon während des Seminars fragst, wie du mit eventuellen Fragen danach umgehen sollst. Dein Seminarleiter wird dir Möglichkeiten anbieten, zu bekommen, was du brauchst.

Erwarte bitte keine Wunder. Egal, wie effektiv und brandneu eine Methode auch sein mag, am Ende gehen wir alle den gleichen Weg: Wir müssen das, was wir gelernt haben, in die Tat umsetzen und den Gesetzen von Zeit und Raum gehorchen. Es gibt keine Abkürzung, kein spirituelles Brausepulver, das du trinkst, und alles ist gut. Zumindest machen wir immer wieder diese Erfahrung. Schaue in die Pflanzenwelt: Geputschte, schnell wachsende Pflanzen sind weniger widerstandsfähig und viel empfindlicher als solche, die langsam und in der angemessenen Zeit reifen. Warum? Weil Letztere viele Erfahrungen mit Umweltbedingungen gemacht haben und sich entsprechend auf viele Eventualitäten einstellen können.

Willst du wirklich wachsen und reifen, so übernimm die Verantwortung für deine Reifung. Sich Zeit zu nehmen gehört untrennbar zum Reifeprozess dazu, das ist die Basis. Dir selbst den Raum zu verschaffen, den du brauchst, um etwas Neues in dein Leben hineinzubitten, ist wahrscheinlich die größte Herausforderung, doch genau hier liegt das größte Wachstumspotenzial.

Es ist hilfreich, neue Verträge mit deiner Familie und deinen Freunden zu schließen. Denn letztlich geht es im Zusammenleben immer um das, was offen oder unausgesprochen vereinbart ist. Also lege deine Karten auf den Tisch: »Ich brauche ab sofort eine halbe Stunde Zeit am Tag für mich, und ich bitte euch, helft mir dabei, eine Lösung zu finden. Wie kann ich für euch da sein und mir dennoch Zeit für mich nehmen, was wünscht ihr euch?« Stelle diese Frage in deinen Worten denen, die es betrifft! Und erwarte eine aufrichtige Antwort. Dann brauchst du dich nicht drakonisch abzugrenzen und einen Kampf zu beginnen, sondern ihr findet gemeinsam eine Lösung. Es wird sowieso Zeit, dass ihr in eine echte, aufrichtige Kommunikation miteinander kommt, also fangt am besten gleich damit an.

Hier einige spannende Anregungen unserer Seminarteilnehmer:

»Ich mache einen echten Feuerlauf, damit übe ich, mein eigenes Feuer zu meistern. Einmal sollte jeder durch das Feuer gelaufen sein, dann kann man viel besser für sich selbst sorgen.«

»Bei mir kommt es immer darauf an, was sich gezeigt hat. Und ich höre dann auf meine innere Stimme, die mir sagt, was ich brauche. Schlaf, Ruhe, Freunde. Meist ist es so, dass ich erst einmal alles wirken lasse und nicht viel darüber reden möchte. Ich lass alles fließen, was fließen mag. Der Körper und die Seele entscheiden für sich selbst, was jetzt angesagt ist. Und oft setze ich gar nichts um, denn dadurch, dass ich es fließen lasse, setzt sich alles von selbst um. Das ist ein wahres Geschenk. Ich finde es schön, mich dann nicht anstrengen zu müssen.«

»Ich kann dazu nur ganz platt sagen: Einfach machen! Und auch nicht lange erklären. Tun. Punkt, aus! Man muss sich nicht für alles rechtfertigen, aber auch das muss man ganz besonders als Frau erst lernen.«

»Ich schaue, dass sich so wenig Termine wie möglich in meinem Kalender häufen, damit ich Zeit für Spontanes habe. Und wenn sich dann doch einmal Termine ansammeln, dann trage ich Termine mit mir selbst in die Agenda ein. Ich gönne mir zum Beispiel den Luxus, meine kleine Tochter einmal in der Woche einen Nachmittag zu einer Tagesmutter zu bringen, damit ich ein paar Stunden nur für mich selbst genießen kann. Das ist sehr wichtig für mich.«

»Ich übe mich darin, mir abzugewöhnen, mich anderen gegenüber zu rechtfertigen. Ich muss nicht immer erklären, warum ich mich vielleicht gerade mal gehen lasse – ich tu es einfach. Im Alltag merke ich oft nicht, wie angespannt ich bin, wie verspannt meine Schultern sind. Entschleunigung ist das, was ich immer wieder in mein Bewusstsein hole. Ich lehne mich öfter mal zurück, konzentriere mich aufs Atmen, und dann, beim tiefen Atmen, entspannen sich auch meine Schultern wieder ... einfach loslassen – und vor allem auch Verantwortung abgeben. Ich bin nicht für alles und jeden um mich herum verantwortlich. Und ich konzentriere mich darauf, mehr auf den Bauch als auf den Kopf zu hören. Wenn mir etwas widerspricht, zum Beispiel eine lärmende Baustelle, sagt der Kopf: »Komm, spar Zeit, lauf dran vorbei.« Mein Bauch empfindet das aber gerade als extrem stressig, also mache ich lieber einen Umweg für die Seele. Es ist ganz wichtig, sich diese Zeit zu nehmen. Ach so: Und seit ich die Methode der ›Lichtsäulen-Meditation‹ kenne, kann ich mich immer geistig in die Lichtsäule stellen – das klappt immer direkt.«

»Da ich eine kleine Tochter habe, nehme ich mir morgens, bevor sie aufsteht, Zeit für mich – erst ein bisschen Yoga, dann verbinde ich mich mit Mutter Erde und anschließend mit meinem Herzen und frag nach einem Impuls für den Tag.«

»Ich lasse erst mal alles liegen und gehe eine Runde spazieren, dann frage ich mich: ›Was ist wirklich das Allerwichtigste für heute?‹ Damit fange ich an, der Rest geht dann fast wie von selbst.«

Letztlich kommst du um das »Machen« nicht drum herum. Irgendwann will das, was in dir wächst, geboren werden, sichtbar sein, es will in Wechselwirkung mit dem Rest deines Lebens treten. Es braucht Kühnheit und Mut, sein Leben selbst zu gestalten, und es braucht Vertrauen, dass alles, was zu dir gehört, bei dir bleibt, wenn du ehrlicher und wahrhaftiger wirst. Ich weiß nicht, wie ich dir Mut machen soll, deine Wahrheit zu leben, etwas in die Tat umzusetzen und für dich selbst durchs Feuer zu gehen. Denn das ist es, was deine Seele von dem Menschen, der du bist ...»wünscht« wollte ich zuerst schreiben, doch ich spüre: fordert.

Ich kann dir nur sagen, es lohnt sich, den Weg zu sich selbst zu gehen. Die Freiheit, die Liebe, die Freude und die innere Klarheit, die sich einstellen, wenn du wahrhaftig wirst, sind unbeschreiblich. Aber auch dann wird immer etwas schiefgehen, du wirst vom dem, was ist, immer wieder herausgefordert werden. Es ist nicht alles leicht, wenn du auf deinem Weg bist. Ich fände es hinterhältig, dir Märchen vom spirituellen Paradies zu erzählen, um dich auf deinen Weg zu locken. Es ist kein Paradies. Es ist besser. Es ist dein einzigartiges, kostbares Leben.

Neulich bin ich während eines Interviews gefragt worden, welcher mein wichtigster Satz sei, was ich den Menschen, wenn ich sie alle erreichen könnte, mitteilen würde.

Ich war selbst überrascht. Es ist: Carpe diem. Nutze den Tag. Und ich möchte noch hinzufügen: für das, was du liebst.

Und jetzt?

Du kommst heim, bist hoffentlich sehr erfüllt von all den Energien – und zu Hause ist alles wie immer. Die Gefahr, energetisch in ein Loch zu fallen, ist riesig, besonders, wenn dich dein Partner oder deine Familie auf deinem Weg nicht unterstützt.

Das ist wirklich blöd – entschuldige, dass ich dir dazu nichts anderes sagen kann. Du wirst nicht darum herumkommen, dir Räume zu erschaffen, um das, was dir wichtig ist und immer wichtiger wird, zelebrieren, ausleben, üben zu können. Ich würde dir gern einen Trick verraten, mit dem du dein »altes Leben« aufrechterhalten und dennoch die für dich neuen Informationen und die neuen Energien nutzen kannst, aber ich kenne keinen. Es mag hilfreich sein, dich selbst zu fragen, woher du das Gefühl, nicht unterstützt zu werden, kennst, welcher Spiegel dir da also womöglich gerade vorgehalten wird.

» ÜBUNG

Dazu schließe die Augen, und atme, lass dich fühlen, was in dir geschieht.

Bitte darum, dass sich dir innere Bilder oder Erinnerungen zeigen, in denen du dieses Gefühl bereits erlebt hast, sei es als Kind oder als Erwachsener. Vielleicht hast du es gar selbst bei anderen verursacht und bekommst hier die Quittung.

Lass dich diese vergangene Situation noch einmal erleben, und dann stelle dir vor, du gehst als der Erwachsene, der du jetzt bist, während du das liest, mit hinein in diese Situation. Tue das für dich, was damals hätte getan werden sollen, sei dir selbst Unterstützung, wehre dich, sei für dich selbst da. Wenn du anderen Unterstützung verwehrt, sie beschämt hast, dann mache es jetzt wieder gut, indem du um Vergebung bittest und die Situation in Gedanken jetzt änderst.

Du kannst dein emotionales Erleben jederzeit ändern, indem du dir selbst neue emotionale Erfahrungen verschaffst. Und weil sich das Spiegelgesetz in erster Linie auf Emotionen bezieht, kannst du fast alles wieder gut machen, indem du noch einmal in diese Situation hineingehst und sie anders handhabst. Dadurch wird deine Amygdala umprogrammiert, und du ziehst andere Energien an.

Es könnte also sein, dass dich deine Umgebung dazu nötigt, dich jetzt durchzusetzen, gut für dich zu sorgen und das, was dir offensichtlich so wichtig ist, dass du Zeit und Geld dafür aufgebracht hast, zu schützen und zu hüten. Auch das gehört zum Lern- und Entwicklungsprozess: Übernimm Verantwortung dafür, dass du diesen Weg gehst, und erlaube nicht, dass du niedergemacht oder beschämt wirst.

Es ist gut möglich, dass du dich während des Seminars verändert hast. Deine Energie ist eine andere geworden, und deine Familie erkennt dich nicht mehr, spürt dich auf einmal anders. Dadurch wird jeder verunsichert. Je deutlicher und aufrichtiger du mit der Situation umgehst, je eindeutiger du deiner Familie mitteilst, was du willst, was sich ändert, aber auch und besonders wofür du nach wie vor zur Verfügung stehst, desto besser kann sie mit der Situation umgehen. Fange bitte jetzt nicht an, deine Familie zu therapieren, DU hast das Seminar besucht, DU veränderst dich, es ist verständlich, dass die anderen verunsichert sind und auch nicht gleich mitziehen wollen. Sei einfach bei dir, sage deine Wahrheit, und sei verlässlich, zeige ihnen, dass du nach wie vor als Mutter, Vater, Frau oder Mann zur Verfügung stehst. Gib ihnen eine Chance.

Stößt du auf echte Beschämung, auf echte Verurteilung seitens deines Partners, wirst du auf die Dauer gehen müssen, befürchte ich. Aber dann gehört das zu deinem Weg, und dann bist du sowieso in einer ungesunden Beziehungssituation. Ich weiß, das schreibt sich leicht, aber den Weg zu sich selbst zu gehen, hat seinen Preis. Du brauchst den Mut, dir selbst treu zu sein.

Halbherzigkeit, Selbstaufgabe, ungesunde Anpassung – all das kannst du irgendwann nicht mehr verantworten. So zeige dich mit dem, was dir wichtig ist, sprich es offen aus, und sage deiner Familie, was du dir wünschst. Sei ganz besonders offen für ihre Befürchtungen, nimm sie ernst, sie waren nicht mit dir im Seminar und wissen nicht, ob du nicht heimlich, still und leise den Rückzug antrittst. Je verfügbarer du bist, damit meine ich, je weniger Heimlichkeiten du pflegst, je freier du für sie da bist, desto entspannter können sie dich in den für dich wichtigen Bereichen deinen Weg gehen lassen. Sie wollen meistens nur wissen, ob du sie noch liebst, denn natürlich hat jeder in deiner Familie seine Ängste und Unsicherheiten. Erwarte bitte nicht, dass auf einmal jeder toll findet, was du machst, auch wenn du noch so sehr davon überzeugt bist. Du gehst anderen nur dann wirklich auf die Nerven, wenn du sie zu missionieren versuchst. Lass deines bei dir, und suche dir Menschen, mit denen du deinen neuen Weg teilen kannst. Auf die Dauer wird deine Familie erkennen, wie gut es ist, dass du bewusster, ausgeglichener und glücklicher wirst. Der Funke der Veränderung wirkt, sei dir dessen sicher, lass ihm einfach ein wenig Zeit.
Noch einmal: Wenn du ernsthaft beschämt und verurteilt, ausgelacht oder nicht ernst genommen wirst, dann wirst du

wählen müssen zwischen der Treue zu dir selbst und deiner Beziehung zu deinem Partner, den Eltern, Freunden oder auch deinem Chef. Da deine Beziehungen ein Teil deines Lebens sind und du deshalb die absolute Freiheit hast, sie zu verlassen, wenn sie dir nicht mehr entsprechen und sich nicht verändern lassen, wird dir diese Wahl hoffentlich nicht schwerfallen.

Eine Frage erreichte mich, die ich sehr spannend finde, auch wenn ich hoffe, ihr braucht die Antwort drauf nie anzuwenden:

>»Wie gehe ich mit den Erkenntnissen aus einem Seminar um, wenn sich in der Folgezeit eine Distanzierung zum Seminarleiter ergibt und man diesen zunehmend kritischer beurteilen muss? Wie geht man damit um, wenn man merkt, dass ein Seminarleiter immer die eigenen Themen mit einbringt (anderen überstülpt) und er letzten Endes hauptsächlich charismatisch und manipulierend ist? Was sind Anzeichen für ein ungesundes Verhältnis zwischen ›Heiler‹ und ›Anhängern‹? Wie ist das Erlernte nach der Distanzierung zu beurteilen; hat man dann nur die eigenen Mängel erkennen müssen, oder macht man so oder so einen Sprung nach vorne?«*

Tja. Ich möchte eigentlich gar nicht darüber schreiben, wie du mit einem unangemessenen, manipulierenden Seminar umgehst, aber natürlich gibt es das auch. Gerade, wo wir so nett darüber reden, fällt mir ein, dass ich selbst auch einmal eines erlebt habe: meine erste Familienaufstellung mit über dreißig Leuten, die mich tief verletzt und verunsichert hat. Ganz ehrlich? Das war einfach großer Mist. Ich muss es so sagen. Ich habe lange gebraucht, mich zu erholen, und ich habe mir Hilfe bei Therapeuten, denen ich vertraue, gesucht, um mich zu sortieren – nachdem ich gemerkt hatte, dass mir das Ganze nicht gutgetan hat. Das war etwa zwei Jahre später.

Zunächst einmal: Sieh es als positive Entwicklung, dass du nun erkannt hast, was dir nicht gutgetan hat, denn offensichtlich hast du es damals nicht bemerkt und warst demnach unbewusster. Du kannst sehr wohl das, was dir gefallen, was dir gedient hat, herausziehen und das, was nicht stimmig ist, von dir weisen. Es ist eine Art Aschenputtel-Aufgabe, die da auf dich wartet, und dementsprechend darfst du auch damit umgehen: Bitte die Kräfte deines Vertrauens darum, dir dabei zu helfen, »die Guten ins Töpfchen und die Schlechten ins Kröpfchen« zu sortieren. Hattest du einen charismatischen Seminarleiter, dem du wider besseres (jetziges) Wissen geglaubt hast, dann hast du etwas gelernt. Du wurdest verführt und bist mit Sicherheit daran gereift. Beim nächsten Mal erkennst du Verführung schon von Weitem. Weißt du, ich denke, wir können getrost davon ausgehen, dass auch diese Erfahrungen zu deinem Weg gehören und dich weiterbringen, auch wenn sie natürlich sehr ärgerlich und verletzend sein können (und es keine Rechtfertigung für manipulierende Seminarleiter gibt!).

Noch einmal, weil es so wichtig ist: Schlafe bitte NIE mit einem Seminarleiter. NIE. Es ist immer äußerst ungesund, und du wirst immer ausgenutzt. Wenn ein Seminar zu Ende ist und ihr euch nach einigen Wochen erneut auf privater Ebene trefft, neu entscheidet, dann werdet glücklich. Aber solange du in der Rolle eines Klienten bist, erkennst du unseriöse Seminarleiter einfach daran, dass sie die Grenzen und deine emotionale Freiheit nicht beschützen.

Ein Seminarleiter ist unseriös, wenn er ...

› dir deine eigene Meinung abspricht.
› vehement Ansichten vertritt, die seinem eigenen Lebensstil dienen, obwohl du dabei ein ungutes Gefühl hast.
› dir sagt, du seiest noch nicht so weit, sobald du ein ungutes Gefühl hast.
› seine persönliche Neutralität aufhebt und unangemessene persönliche, womöglich gar sexuelle Beziehungen innerhalb der Gruppe eingeht.
› dir abrät, jemand anderen als ihn um Rat und Hilfe zu fragen, oder gar sauer wird, wenn du auch andere Seminare und Ausbildungen besuchst.

Ich habe euch gefragt, was ihr für unseriös haltet, damit ihr es überhaupt erkennt und eurem Gefühl vertrauen lernt:

»Ein Seminarleiter sollte immer sachlich bleiben und nie sagen, dass etwas so und nicht anders ist – gerade auf spirituellem Gebiet! Auf akademischem Gebiet oder bei gewissen Basics geht das vielleicht noch, bei schamanischen Reisen zum Beispiel hört bei mir der Spaß jedoch auf, wenn mir einer erzählen will, dass etwas so oder so zu sein hat. Jeder erlebt Spiritualität anders und zwar so, wie die Geister (Spirits) meinen, dass es gut für einen ist!«

Unseriös ist es, wenn ...

› »... jemand deine von Herzen getroffenen Entscheidungen kritisiert.«

› »... jemand seine Gaben wie sauer Bier anbietet, Demut vor seinen Gaben vermissen lässt.«

› »... sich jemand zu stark in den Mittelpunkt rückt und mit allen Mitteln versucht, der Größte zu sein und über den anderen zu stehen – eine Erfahrung, die ich in einer spiritistischen Gruppe machen durfte. Am Ende eines Abends wurden die Erlebnisse der einzelnen Teilnehmer diskutiert, und wenn der große Guru etwas nicht mitbekommen hatte, dann wurde man vor den übrigen Teilnehmern als Lügner hingestellt, was natürlich zur Folge hatte, dass niemand mehr über seine Erlebnisse sprach. Lediglich der Gruppenführer konnte sich im Glanze des allgemeinen Staunens sonnen.«

› »... Seminare Kraft kosten, und mit Kraft meine ich hier Lebensenergie! Gute Seminare laden mich auf. Ein gutes Seminar, bei dem ich persönlich etwas mitnehme, stärkt mich. Es gibt mir Kraft, ich ziehe einen Nutzen daraus, nehme etwas für mich mit. Für mich persönlich ist es ein No-Go, wenn der Seminarleiter oder Vortragende nicht authentisch ist! Ich war einmal auf einem Seminar, da ging es um die Energie der Wünsche. Der Autor kam und erzählte als Erstes, dass er fast zu spät gekommen wäre, weil er keinen Parkplatz bekommen hat. Ich fragte mich nur, was der mir über das Wünschen erzählen wollte, wenn er sich nicht einmal einen Parkplatz manifestieren konnte. In der ersten Pause habe ich den Vortrag verlassen.«

› »... ich höre, was ich tun sollte, um ›heil‹ zu werden, und mir das Gefühl vermittelt wird, er/sie will damit sagen ›Ich weiß es besser als ihr alle, und ich bin schon da‹. Da werde ich total wütend.«

›»... das Ego eines Seminarleiters mit ihm durchgeht. Einer Freundin ist da mal was passiert. Jeder sollte sich nach einer Übung einen neuen Platz suchen. Sie hat sich nur einen Stuhl weiter gesetzt, was der Seminarleiter nicht mitbekommen hat. Er behauptete, sie hätte den Platz nicht gewechselt und hat die gesamte Gruppe nicht in die Pause gehen lassen, weil er sie zwingen wollte, sich woanders hinzusetzen. Sie hat darauf bestanden, dass sie den Platz gewechselt hat, und er hat sich aufgeführt wie ein Kleinkind.«

›»... mir der Seminarleiter selbst nicht einmal in die Augen sehen kann und meinem Blick ständig ausweicht.«

›»... die Demut fehlt – vor diesen wunderbaren Seminarteilnehmern, vor jeder vollkommenen Seele, die auf IHREM Weg ist. «

›»... die größte Kraft, die es gibt, die göttliche, nicht mit ins Seminar mitgenommen und IHR nicht die Leitung übertragen wird.«

›»... streng nach Konzept vorgegangen wird und die Gruppenschwingung/das Gruppenthema (das sich fast immer ergibt) überhaupt nicht wahrgenommen und geachtet/wertgeschätzt wird.«

›»... Humor und Lachen fehlen, weil vielleicht die Meinung vorherrscht: Das gehört in kein Seminar! «

›»... die Aussage getätigt wird, dass man sich nach einer bestimmten Zeit noch einmal melden muss bzw. Geld dafür bezahlen soll, damit das eintreffen kann, was man sich wünscht oder manifestiert hat –, nach dem Motto: Du musst weitermachen, sonst wird das nichts.«

Das sind viele Kritikpunkte, die vielleicht nicht alle unter »unseriös« einzuordnen, aber dennoch wichtig und erwähnenswert sind. Ich lasse sie unkommentiert stehen. Das ein oder andere mag dich nicht stören, aber es ist sinnvoll, genauer hinzuschauen, wenn dein Seminarleiter einige dieser »Symptome« zeigt.

Bleibe immer bei dir – das ist schwierig, ich weiß. Einerseits solltest du dem Seminarleiter vertrauen und etwas von ihm annehmen, andererseits solltest du die Verantwortung für dich selbst behalten und dich eben nicht ganz fallen lassen.

Sei beruhigt, die große Mehrzahl der Seminarleiter ist vertrauenswürdig. Das erkennst du ganz einfach daran, dass sie dir auf deine Fragen vernünftige Antworten geben, die du nachvollziehen kannst. Sie hauen dir nicht einfach ihren Erfahrungsschatz um die Ohren und verlangen von dir, dass du alles annimmst und nichts hinterfragst. Wenn jemand eine andere Meinung zulässt, ohne dich zu verurteilen oder zu beschämen (auch wenn er im Seminar vielleicht schon aus Zeitgründen nicht darüber diskutieren möchte, so erkennt er doch deine Ansicht als für dich stimmig an), dann kannst du getrost vertrauen. Wenn dich jemand auf gute Weise so sein lassen kann, wie du eben bist, dir die Freiheit gibt, zu nehmen, was für dich passt, und den Rest liegen zu lassen, dann kannst du getrost vertrauen.

Es gibt keine Dogmen. Es gibt nichts, das so und nicht anders ist, sondern wir sind alle auf dem Weg, wir alle sind Forscher und Wissenschaftler. Wie es auch in der Wissenschaft keine endgültig gesicherten Erkenntnisse gibt, so ist es auch auf dem spirituellen Weg. Möchte dich jemand vom Gegenteil überzeugen, dann will er dir deine Selbstbestimmung nehmen, und er wirft dir damit ein Machtthema vor die Füße.

Bist du darauf hereingefallen, so vergib dir selbst, und suche dir Hilfe, damit du dich neu sortieren kannst. Besonders wichtig ist es, im Nachhinein zu erkennen, was dich so sehr angezogen hat und wann dein ungutes Gefühl begann, damit du daraus lernen kannst. Vielleicht war es dein inneres Kind, das so gern einen Vater oder eine Mutter gehabt hätte, sodass es alles geglaubt hat, vielleicht war es auch ein Teil in dir, der sich selbst nicht vertraut – ganz egal, lass es los, komme in Frieden, und nimm dir, was dir hilfreich ist. Besonders die Erfahrung, beim nächsten Mal auf bestimmte Schlüsselreize nicht mehr hereinzufallen!

Wenn dir die Lebensweise eines Seminarleiters nicht gefällt, so kann seine Botschaft dennoch stimmig sein. Denn so wenig, wie du dir wünschst, verurteilt zu werden, so wenig weißt du auch, in welchen Schuhen dein Seminarleiter geht. Vorsichtig solltest du allerdings immer dann sein, wenn er nur seines gelten lässt.

Ganz wichtig ist es, dass du deine eigene Absicht erkennst. Wenn du aus egoistischen Motiven ein Seminar besuchst, zum Beispiel ein allzu wuchtiges Wunschseminar, dann bekommst du auch genau diese Energie gespiegelt. Oft zieht die eigene Absicht den Seminarleiter an, der dir diese Energie spiegelt. So überprüfe deine eigene Energie, oft ist das Außen ein Spiegel für das, was du selbst wahrscheinlich unbewusst beabsichtigst ...

Ich hoffe, euch gedient zu haben. Weil die meistens von uns beides sind, Teilnehmer und irgendwann auch Seminarleiter, und weil es sinnvoll ist, auch die andere Seite zu sehen, folgt hier der zweite Teil.

Wie du dich als Seminarleiter selbst nährst und regenerierst

Zunächst möchte ich euch etwas ganz Grundsätzliches über das Geben von Seminaren sagen. Es gibt eine sehr ungesunde Idee, die Kreise zieht: dass du, je »weiter« du bist, immer größere Gruppen anbieten und halten, vor allem aber füllen kannst. So, als würde sich die Qualität deiner Arbeit an der Länge deiner Warteliste messen lassen. Es ist eine Art Konkurrenzkampf entstanden: »Wer hält die größten Seminare? Wie viele hatte der? Was, du hattest nur fünf? Ja, so habe ich auch einmal angefangen.« Neulich sagte mir jemand, als ich erzählte, dass ich ein wundervolles Seminar mit acht Leuten gegeben hatte und dass meine liebste Gruppengröße bei zehn bis zwölf Leuten liegt: »Ja, noch. Wenn du das ein paar Jahre machst, dann werden es mehr.« Na, danke fürs Gespräch, mein Lieber. Meine Seminare werden nicht größer. Aber hoffentlich immer besser und tiefer. Leute. Ernsthaft. Das ist Seelenfängerei, Rattenfängertum. Worum geht es denn wirklich? Jeder von uns hat einen bestimmten Auftrag vom Leben, alles andere ergibt gar keinen Sinn. Wenn du Seminare geben willst, um bekannt zu werden, dann kann ich dich nur fragen: Wem dienst du denn? Und hältst du das wirklich für wertvoll? Das ist wie Bücher schreiben zu wollen, um erfolgreich zu werden. Was ist denn das für ein Ansatz?

Bist du aber voller Liebe, im Dienst an dem, was das Leben durch dich leben will, hast du dein inneres Kind gut versorgt und stehst du als Priester oder Priesterin des Lebens zur Verfügung, dann werden genau die Menschen zu dir kommen, die jetzt und heute das brauchen, was du zu sagen hast. Lass dich nicht von den Massen blenden. Nur weil viele hingehen, ist es noch lange nicht gut. Aufgepasst, mach keinen Umkehrschluss! Nur weil viele hingehen, ist es aber auch noch lange keine oberflächliche Massenveranstaltung! Wähle sorgsam, wenn du schon nach anderen schaust, welche Sicht der Dinge du einnimmst, und lass dich von deinem eigenen Wohlgefühl leiten. Ich meine auch hin und wieder, ich müsste wer weiß wie viele Menschen anziehen, wenn ich ein Seminar gebe. Dann fühle ich mich irgendwie unzulänglich und im schlechtesten Fall sogar neidisch. Ich wage mal zu sagen, dass es sehr vielen so geht, egal, ob sie drüber reden oder nicht. Es gibt immer einen, der noch größere Hallen füllt. Doch immer wieder spüre ich: Nein. Ich ziehe genau die Menschen an, die das, was ich zu sagen und zu geben habe, heute brauchen und auch verarbeiten können. Mal mehr, mal weniger, aber darum geht es einfach nicht. Natürlich ist es schwierig, kleine Gruppengrößen zu akzeptieren, wenn du davon leben willst, aber so ist es nun einmal. Mach dir keinen Druck, und definiere Erfolg ganz allein nur für dich.

Viele Menschen lassen sich blenden, folgen dem, der Heil verspricht, aber das sind Rattenfänger, ich sag das ganz deutlich. Wenn die Botschaft nicht tief aus dem gelebten Leben kommt, dann taugt sie nicht für den Alltag. Dann hast du einen Tag lang ein wundervolles Gefühl, es sei dir gegönnt, das darf auch sein. Das zieht sehr viele an. Soll es. Du hast aber womöglich einen anderen Auftrag. Du bist nur einem einzigen Wesen verpflichtet, dem aber voll und ganz: deiner eigenen Seele. Ihr musst du, bildlich gesprochen, in die Augen schauen, und wenn du das kannst, dann ist die Größe deiner Gruppe wirklich gleichgültig. Ob dreihundert oder drei, wenn du natürlich und aufrichtig bist, das, was du vermittelst, nach bestem Wissen und Gewissen für dich anwendest, die Schritte gehst, die du auch deinen Teilnehmern zumutest, dann bist du auf dem einzig richtigen Weg, nämlich deinem. Lass dich nicht blenden, bitte, auch nicht von mir!

Mein Erfolg ist, dass ich die Freiheit habe, heute, Montag, um 12.50 Uhr an meinem Küchentisch zu sitzen, meine Katze liegt neben mir, ich trinke einen durch Spirulina grün gefärbten Smoothie, und ich tue, was ich am liebsten tue. Habe ich mir eigentlich schon die Haare gekämmt? Ich glaub fast, nein ... Darum geht es. Nicht um den Status draußen. Sondern darum, ob du dir die Freiheit erlauben kannst, zu tun, was dich zutiefst erfüllt. Und ob du bereit bist, den Preis dafür zu zahlen. Du gibst also ein Seminar – egal, wie groß oder wie klein es ist. Jedes ist gleich wertvoll, lass dir nichts anderes einreden.

Was bedeutet es, ein Seminar zu geben?
Du bist, wenn du ein Seminar gibst, für die Sicherheit des Raumes verantwortlich – aber auch für deine eigene Sicherheit. Du stellst dich zur Verfügung, bist für die nächsten Stunden oder Tage ganz und gar für die anderen da. Deshalb überprüfe zunächst, ob du alles hast, was du brauchst. Bist du gut untergebracht? Ist der Raum warm oder kühl genug? Hast du die passende Musik dabei, bist du bequem gekleidet? Ist dein

inneres Kind gut versorgt und in Sicherheit, damit du wirklich für die anderen da sein kannst? Hast du für dich selbst genügend Freiräume eingeplant, damit du dich regenerieren kannst? Und nicht zuletzt: Ist dein Honorar angemessen – was immer für dich angemessen meint? Bist du dir bewusst, was du brauchst? Wenn wir zum Beispiel ein Urlaubsseminar geben, dann bedeutet es für mich ernsthaften Stress, mit den Teilnehmern abends essen zu gehen. So gern ich die gemeinsame Zeit genießen würde, so wenig kann ich es, weil ich einfach aus der Rolle der Seminarleiterin nicht rauskommen kann – und es wäre meinem Gefühl nach auch äußerst unprofessionell, abends die Freundin zu spielen und tagsüber wieder diejenige zu sein, die die Verantwortung hält. Das passt einigen Teilnehmern meiner Seminare nicht, das weiß ich, aber es ist einfach so. Letztlich wollen die Teilnehmer, die dich »auch mal privat erleben« möchten, einfach mehr von deiner Energie haben, und das saugt dich aus. Wer dich wirklich als Privatperson meint, der respektiert deinen Wunsch nach Ruhe.

Ganz krass habe ich es im letzten Jahr erlebt: Ein Freund von mir war ganz plötzlich verstorben, einen Tag bevor wir zu einem Urlaubsseminar aufbrechen mussten. Ich war tief verstört und habe gleich zu Beginn gesagt, dass ich das Seminar sehr gerne halten würde, abends aber unbedingt Ruhe brauchte, damit ich trauern konnte. Das hielt ich für mehr als angemessen, denn abends war sowieso Freizeit angesagt, kein Seminar. Eine Teilnehmerin war jedoch am Ende ziemlich ungehalten und meinte, sie hätte sich sehr gewünscht, mich, die private

Susanne, auch mal zu erleben, sie hätte sich gern mit mir »von Frau zu Frau« unterhalten. Das hat mich tiefer verletzt, als ich ihr zeigen konnte (weil ich selbst dann noch in der Rolle der Seminarleiterin war). Hätte sie mir ernsthaft privat begegnen und nicht einfach nur mehr Energie von mir haben wollen, dann hätte sie mich gefragt, wie es mir geht und was ich brauche, denn jeder wusste, wie geschockt ich durch den Tod meines Freundes war. Ein Gespräch von Frau zu Frau hätte mich mit einbezogen, das, was ich brauchte, was mich gerade bewegte. Ich wäre bestimmt dazu bereit gewesen! So aber stellte sie eine Forderung und bewies mir damit gerade das Gegenteil, es ging ihr in keiner Weise um mich, sondern nur um das, was sie von mir haben wollte. Eine andere Teilnehmerin dagegen gab mir irgendwann wortlos einen Kaffee aus und sagte: »Ich hab das Gefühl, du brauchst eine Pause, bitte sehr.« In dem Moment war ich auf privater Ebene sehr berührt und tief dankbar über ihre Achtsamkeit. Diese Achtsamkeit kann man auf gar keinen Fall von den Seminarteilnehmern erwarten, sie sind ja für sich da. Aber genau deshalb musst du eben auch gut auf dich achten und deine eigenen privaten Wünsche und Empfindungen für dich selbst regeln. Du nutzt deine Teilnehmer sonst aus.

Du musst dich also entscheiden: Bist du Seminarleiter oder bist du Privatperson? Der Unterschied ist riesig. Denn als Seminarleiter haben deine eigenen Befindlichkeiten und Meinungen nichts bei den Teilnehmern zu suchen. So mache dir bewusst, dass du eine besondere Rolle innehast, und schaue, was du brauchst, um dir selbst Auszeiten zu geben. Ich werde immer wieder einmal gefragt, ob ich nicht einfach auch mal locker sein und die Rolle der Seminarleiterin für einen Moment abgeben könnte. Ganz ehrlich: Nein. Natürlich nicht. Entweder ich bin in Verantwortung oder eben nicht. Und wenn deine Teilnehmer ehrlich sind, dann wollen sie das auch gar nicht. Im Gegenteil. Die meisten wissen es sehr zu schätzen, dass du verlässlich bist. Es gibt immer wieder Seminarleiter, die aus der Rolle fallen und damit ihrer Verantwortung nicht mehr gerecht werden, und die meisten Teilnehmer sind dadurch sehr verunsichert – zu Recht.

Wenn du dir den Energiekreislauf anschaust, den ein gutes Seminar haben sollte, dann erkennst du, wie absurd es ist, als Seminarleiter privat anwesend sein zu wollen. Deine Teilnehmer brauchen Raum, um sich selbst tiefer zu spüren, als ihnen das üblicherweise möglich ist. Du gibst und hältst diesen Raum. Das heißt aber auch, du kannst ihn nicht gleichzeitig für dich mitnutzen, sonst missbrauchst du die Energien der Teilnehmer. Diese vertrauen dir, du bist für ihre Sicherheit verantwortlich. Nutzt du den Raum für dich selbst, dann schwächst du ihn, und das ist einfach nicht das, was verabredet war.

So mach dir bitte klar, welch hohe Verpflichtung du eingehst, wenn du ein Seminar gibst. Weder dein inneres Kind noch deine privaten Gefühle haben etwas im Seminar zu suchen, sonst kannst du nie sicher sein, dass du nicht projizierst.

Bevor du ein Seminar gibst, probiere folgende Übung aus:

» ÜBUNG

Stelle dir vor, es gäbe den Platz des Seminarleiters, wie beim Familienstellen. Es ist ein Kraftplatz, den du irgendwo im Raum wahrnimmst. Und dann stelle dich bitte mitten drauf, und fühle die Energie dieses Platzes.

Spätestens jetzt erkennst du, was es bedeutet, ein Seminar zu leiten. Du bist verantwortlich für den Raum, für die Klarheit, für die Struktur des Ganzen. Du bist verantwortlich für die Kräfte, die du rufst, und dafür, dass jeder Teilnehmer genug Raum bekommt. Es geht einfach nicht um dich, sondern du stellst dich selbst voll und ganz zur Verfügung. Deshalb ist es so wichtig, dass du vorher, währenddessen, in den Pausen und hinterher gut für dich sorgst.

Was geschieht eigentlich, während du ein Seminar gibst?

Du stellst dein mentales System, deine Nervenzellen, deine Aufmerksamkeit, deine Konzentration und vor allem deinen Emotionalkörper voll und ganz für andere zur Verfügung. Du öffnest dich für die Bedürfnisse anderer und das weitaus mehr als sonst. Du lässt dich selbst zum Instrument für all das werden, was durch dich geschehen will. Dabei spielt dein Thema keine Rolle. Egal, ob du sehr emotional und tief greifend mit anderen arbeitest oder ihnen einen mental orientierten Vortrag hältst, du bist mit jeder Faser konzentriert und stehst im Dienst dessen, was du tust. Dein inneres Kind hast du geschützt und an einen inneren sicheren Ort gebracht (das ist wichtig, damit du nicht aus dem unbewussten Anteil des inneren Kindes heraus agierst und in Resonanz gehst), wo es zwar versorgt ist, aber nicht im Außen handeln kann und darf. Du musst funktionieren, vernünftig und verantwortlich sein, und das kann dein inneres Kind ziemlich langweilen. Wenn du ein Seminar gibst, kannst du einfach nicht deinen eigenen persönlichen Bedürfnissen folgen, wie immer, wenn du arbeiten gehst und im Dienst stehst.

Ein Seminar zu einem spirituellen oder psychologischen Thema zu geben ist zwar äußerst erfüllend, aber es beansprucht deine Nervenzellen stärker, als es dir vielleicht bewusst ist. Die Menschen, die zu dir kommen, sind bedürftig, sie brauchen etwas für sich. Und weil du dich bereit erklärt hast, ihnen zur Verfügung zu stehen, bist du ganz und gar offen für ihre Energien. Du schützt dich zwar, aber du willst für sie da sein, deshalb gibst du während des Seminars oft mehr, als dir selbst gerade zu Verfügung steht. Im Schamanismus lernen wir:

Nähre dich dreimal, erst dann gib etwas weiter. Das erste Mal nährst du dich selbst, das zweite Mal stärkst du deine Reserve, und das dritte Mal brauchst du, damit du etwas zu geben hast.

Wozu ist das Schützen nötig? Oft höre ich von begeisterten Seminarleitern, dass sie so von der Energie des Seminars getragen werden, dass sie sich weder schützen noch hinterher auftanken müssen. Wenn ich diese Menschen dann frage, seit wann sie Seminare geben, wird mir alles klar.

Beute dich nicht selbst aus. Sonst kannst du deinen Beruf nicht lange machen. Gerade wenn dich ein Seminar, das du gibst, selbst trägt und nährt, ist die Gefahr groß, dass du die Menschen, die zu dir kommen, deinerseits energetisch anzapfst, ohne es zu wissen. Wenn du ein Seminar gibst, musst du auf jeder Ebene gut genährt sein, damit du nicht von der Energie der Menschen, die zu dir kommen, abhängig wirst. Sonst gibst du zwar vordergründig, aber in Wahrheit ernährst du dich energetisch von ihrer Aufmerksamkeit und Bewunderung. Es gibt Energie-Junkies unter den Seminarteilnehmern, aber auch unter den Seminarleitern. Der energetische Absturz nach einem Seminar ist vorprogrammiert, wenn du dein Publikum brauchst, um selbst genährt zu sein. Es ist eben kein ausgleichendes Geben und Nehmen, das darf es nicht sein. DU gibst, SIE nehmen, und so ist es auch richtig. Du bist als Seminarleiter in der Rolle des Vaters, der Mutter, des Lehrers, der Lehrerin, und du stellst Energie zur Verfügung. Woher du sie selbst bekommst, ist je nach Seminar unterschiedlich, aber selbst wenn du an die höchsten Engelenergien angebunden bist, an die stärksten Kräfte der Erde, so stellst du sie durch dich zur Verfügung, du spürst sie, leitest sie, hast voll und ganz die Verantwortung für das, was im Raum geschieht. Auch wenn du dich von geistigen Kräften führen lässt, so bist DU in Verantwortung, denn die Art der Führung hängt vollkommen davon ab, wie du dich führen lässt und wie klar und gut ausgebildet du bist.

Wenn du das alles anerkennst, dann klingt es ziemlich anstrengend, ein Seminar zu geben, nicht wahr? Denn das ist es. Du hältst die ganze Zeit die Energie, schützt den Raum, die Menschen, führst sie in und durch ihre Prozesse, bist präsent und stehst ganz und gar im Dienst am Leben. So erfüllend das auch ist, so hoch die Kräfte auch schwingen – du selbst, dein Menschsein, deine eigenen Nervenzellen brauchen einen Ausgleich, damit sie in ihre eigene Schwingung zurückkommen können. Du stellst deinen Körper und deine feinstofflichen Schichten wie ein Instrument für das Lied der Liebe und der Erkenntnis zur Verfügung, doch du selbst hast ein eigenes, menschliches Lied. Nach einem Seminar brauchst du Zeit, damit sich deine Instrumente wieder ausrichten und entspannen können.

Wie schützt du dich und den Raum?

1. Schicke dein inneres Kind an einen sicheren Ort in dir. Es hat in einem Seminar absolut nichts zu suchen. Nutze dazu zum Beispiel die Meditation »Der Zaubergarten des inneren Kindes« (S. 158) oder eine Technik, die dir vertraut ist. Besonders wichtig ist es, dass du einen Engel oder eine Wesenheit deines Vertrauens rufst, die sich während des Seminars um dein inneres Kind kümmert. Es genügt nicht, es an die Hand zu nehmen, du brauchst eine Art inneren Kindergarten, wo es sicher und geschützt gut aufgehoben ist, damit du die Hände frei hast, um für andere da zu sein. Die Gefahr der Resonanz wäre sonst zu groß.

2. Lege dir ein Medizinrad aus, räuchere dich und, wenn es zum Seminar passt, auch die Teilnehmer ab.

» ÜBUNG

Nimm vier große Steine und gegebenenfalls einen Kompass mit in den Seminarraum. Lege bitte in jede Himmelsrichtung einen der Steine, und rufe die Kräfte der entsprechenden Himmelsrichtung in den Raum. Osten steht für das Feuer der Kreativität, der Westen für die Erde, das Halten, die Stabilität, der Süden steht für das fließende Wasser und die Gefühle, der Norden für Klarheit, Vereinbarungen und für das Element Luft. Wenn du dich tiefer damit beschäftigen willst, nur zu, aber um den Raum zu schützen, genügt die eindeutige Absicht, diese Kräfte wirken zu lassen. Es sind natürliche, irdische Kräfte, und so wissen sie selbst, was sie zu tun haben.

Nach dem Seminar entlässt du die Kräfte wieder und sammelst deine Steine ein, außer es ist sowieso dein eigener Raum.

3. Sammle deine eigenen Energien ein, und verknote sie.

» ÜBUNG

Dazu stellst du dir vor, dass aus dir heraus Fäden strömen, mit denen du dich mit allen möglichen Menschen und Situationen verbinden kannst. Du greifst mit beiden Händen nach diesen Fäden (drehe dich einmal um dich selbst, damit du alle erwischst), bündelst sie und verknotest sie in Gedanken vor dem Bauch. Warum? Weil die Gefahr besteht, dass diese Fäden, wenn sie unbeaufsichtigt sind, Resonanzen erzeugen, womöglich gar deine eigenen Bedürftigkeiten spiegeln. Du kannst einfach nicht sicher sein, dass du dich nicht selbst energetisch an deine Teilnehmer hängst, wenn deine Fäden wild herumflattern, verstehst du?

Dazu ein ganz typisches Beispiel:
Du hast einen Teilnehmer in deiner Gruppe, der dich aus welchen Gründen auch immer besonders berührt, mehr Mitgefühl in dir erzeugt, als du das üblicherweise spürst. Du fühlst dich irgendwie tiefer und persönlicher mit ihm verbunden. Das ist ganz wunderbar, hat aber nichts in einem Seminar zu suchen. Hast du nun deine Fäden nicht eingesammelt, dann wird et-

was in dir Verbindung mit diesem Teilnehmer suchen, und du kannst nicht mehr ganz frei und offen für ihn da sein, weil sich eure Energien vermischen. Du spürst nicht mehr ihn, sondern dich in Bezug auf ihn, und dann projizierst du.

Besonders wichtig ist es, deine eigenen Bedürftigkeiten bei dir zu behalten, deinen Wunsch, zu gefallen, gut zu sein, gemocht zu werden, Anerkennung zu finden.

Eine wirkliche Falle bilden verführerische Teilnehmer, Menschen, die sich Energien über Schmeicheleien ergattern oder die dich allzu sehr verehren. Es sind deine Teilnehmer, sie dürfen absolut sein, wie sie sind, sie dürfen auch Muster haben. Es ist deine Aufgabe, nicht darauf hereinzufallen, dich nicht verführen zu lassen.

Ich hatte einmal in einer Gruppe einen wirklich sehr gut aussehenden Mann, ich war damals solo und sehr bedürftig. Nach dem Seminar kam er zu mir, schaute mich mit leuchtenden Augen an und sagte: »Ich glaube, ich habe mich in dich verliebt.« Natürlich hatte er sich nicht in mich verliebt. Ich, Susanne, war ja gar nicht da gewesen, er hatte nur die Seminarleiterin kennengelernt. Er hatte sich in das verliebt, was ich ihm zur Verfügung gestellt, in den Spiegel, den ich ihm gegeben, in das, was ich ihm ermöglicht hatte. Er hatte sich letztlich in sich selbst verliebt und das nach außen projiziert. Zum Glück war mir das bereits damals vollkommen klar. Sofort pfiff ich meine innere Frau zurück, denn sie hatte bereits angefangen, von starken Armen zu träumen. Es war aber gar nicht sie, die er meinte.

Affären mit Seminarteilnehmern sind tabu, denn diese kommen zu dir, weil sie etwas von dir brauchen, und verwechseln das, was du ihnen gibst, mit dem Menschen, der du bist. Eine Beziehung zwischen Seminarleiter und Seminarteilnehmer findet niemals auf Augenhöhe statt, da gehört sie auch nicht hin. Spätestens, wenn du selbst ein Seminar besuchst, wird dir das klar. Deine Bedürftigkeit hat in einem Seminar einfach absolut nichts zu suchen, und die deiner Teilnehmer darfst du nicht ausnutzen. Natürlich finden dich deine Teilnehmer toll. Du gibst ihnen ja auch etwas, wonach sie vielleicht schon lange gesucht haben. Aber sie meinen nicht dich, sondern das, was du ihnen gibst. Verwechselst du die Ebenen, so missbrauchst du ihr Vertrauen, das sage ich ganz ausdrücklich, und ich meine es auch so.

4. Rufe die Kräfte, mit denen du arbeitest, entweder vor Seminarbeginn oder als Eingangsritual. Als Frau rufe besonders Mutter Erde, als Mann besonders die Kraft des Feuers, der Sonne. Ich bitte oft auch die Teilnehmer selbst, die lichtvollen Kräfte ihres Vertrauens zu rufen.

Überprüfe während des Seminars immer wieder, ob der Raum noch sicher ist, indem du dir zum Beispiel vorstellst, dass du deine Flügel um deine Gruppe legst.

5. Achte auf Strukturen, die dir wichtig sind. Bei uns gibt es zum Beispiel keine Zwiesprache und keine ungebetenen Ratschläge vonseiten der anderen Teilnehmer während des Seminars, damit jeder bei sich bleibt. Welche Strukturen dir wichtig sind, liegt bei dir, aber achte darauf, dass sie eingehalten werden. Du bist verantwortlich, du bist nicht die nette Freundin von nebenan, sondern du leitest das Ganze. Deine Seminarteilnehmer müssen dich nicht nett finden, sondern sich sicher, gut aufgehoben und gesehen fühlen. Achte darauf, dass zum Beispiel Einzelgeschichten nicht zu viel Raum einnehmen, dass ihr nicht allzu weit vom Thema abkommt, dass es nicht um Meinungen, sondern um echte Inhalte geht. Diese Strukturen geben deinem Seminar die Stabilität und deinen Teilnehmern die Sicherheit, sich fallen zu lassen. Du möchtest ihnen einen Raum anbieten, in dem sie sich öffnen können, und das geht nur, wenn du für ihre Sicherheit sorgst – in jeder Hinsicht.

6. Mache dir bewusst, dass du nach dem Seminar eine Auszeit brauchst, und richte dir Zeit dafür ein. Du kannst nicht gleich wieder Verpflichtungen nachkommen, sondern brauchst eine Phase, in der du dich regenerieren kannst. Du hast sehr viel gegeben und dich mit deiner ganzen Kraft zur Verfügung gestellt, warst Projektionsfläche und Lehrer, jetzt brauchst du absichtsfreie Zeit, um dich selbst wieder zu spüren.

Natürlich lieben wir das, was wir tun. Und natürlich sind wir angebunden an unsere inneren Führer, an die Erdkraft, an unsere spirituellen Energien. Wenn du aber über ein paar Jahre hinweg immer wieder für andere Menschen da bist, dann kann es sein, dass dein eigenes Menschsein ein wenig müde wird, wenn du es nicht genügend nährst. Denn gerade wenn wir in unserer spirituellen Arbeit aufgehen, vergessen wir manchmal, dass wir selbst auch etwas brauchen und brauchen dürfen. Co-

Abhängigkeit ist ein weitverbreitetes Thema in Heilerkreisen, und so möchte ich dir sehr ans Herz legen, gut für dich zu sorgen, selbst wenn du nicht bewusst spürst, dass du erschöpft oder gar ausgebrannt bist, oder nicht weißt, wie du es ändern kannst.

Ich habe das immer wieder erlebt, auch bei mir selbst, bis ich krank wurde. Ich wirke in Seminaren nun immer ein wenig kühler, distanzierter und strenger, als ich es privat jemals wäre, ich halte dadurch die Energiekreise getrennt. Das muss ich mir und meinen Klienten zumuten, andernfalls könnte ich diese Arbeit, die ich so sehr liebe, nicht mehr machen. Denn je mitfühlender du bist, desto größer ist deine unbewusste Bereitschaft, die Leiden und Lasten der anderen zu übernehmen. Anders ausgedrückt: Je größer der Engel in dir ist, desto weniger kannst du verhindern, dass du die Lasten anderer auf dich nimmst, weil es diese Bereitschaft, ja, den Auftrag des Engels gibt, alles Schwere, weniger Lichtvolle in Liebe zu erlösen. Und wenn dein Klient das nicht tut oder es zu schwer für ihn scheint, dann übernimmst du es für ihn, unbewusst. Auf hoher Ebene ist das in Ordnung, denn Engel transformieren die Lasten anderer nur dann in Licht, wenn sie von der Seele dazu aufgerufen werden. Niemals tragen Engel die Lasten der Menschen. Das ist schon rein physikalisch nicht möglich, weil Engel viel feinstofflicher sind als die relativ grobstofflichen menschlichen Lasten im Mental- und Emotionalkörper. Der Engel, der du bist, hat auf feinstofflichen Ebenen kein Problem, er weiß genau, wann seine Dienste gebraucht werden. Er transformiert, trägt aber nicht. Für einen Mensch gewordenen Engel ist die Versuchung dagegen riesig, die Lasten der anderen aktiv mitzutragen. Warum ist das so? Einfach, weil du es als menschlicher Engel kannst.

Ich sage dir etwas: Es ist mehr als genug, wenn du deine eigenen Lasten trägst und erlöst und sie nicht anderen aufbürdest. Damit hast du genug zu tun. Und dadurch erlöst du genau das, was tatsächlich durch dich erlöst werden will. Sei da für andere, aber achte gut auf dich.

Eine sehr erfahrene Kollegin stellte sich während ihrer Aufstellungsarbeit immer in die violette Säule und glaubte sich dadurch ausreichend geschützt – bis sie ziemlich schwer krank wurde. Die violette Lichtsäule ist wunderbar, aber die Wurzeln, die unteren Chakren, jene, die die Lasten tatsächlich aufnehmen und tragen, brauchen eine andere Art der Reinigung, Entspannung und Stärkung. Trommeln, Tanzen, Gartenarbeit, Rolfing, Massagen, dynamische Meditationen – du kennst die Werkzeuge. Nutze sie zuallererst für dich!

Im Moment, jetzt, während ich das schreibe, bin ich in einer solchen Situation. Ich sitze an einem Messestand, es ist wirklich schön hier, super Publikum, tolle Kollegen, ich habe gerade einen Vortrag gehalten, morgen gebe ich ein Seminar. Ich kann hier nicht weg, bin Teil dieser Messe, habe Verpflichtungen übernommen. Und ich bin echt müde, erschöpft, ich will ins Hotelzimmer und lesen, Tee trinken, mich selbst spüren. Liebevolle Heiler kommen, fragen mich, ob ich etwas brauche, und ja, ich weiß, was ich brauche. Ruhe. Mein Buch, das ich gerade lese. Einer will mir Energie geben, doch ich spüre, das wäre wie eine Droge, denn in Wahrheit brauchen meine Nerven Erholung. Nicht noch mehr Energie, sondern eine Ruhezeit. Was also tue ich, wie kann ich genau jetzt gut für mich sorgen? Zuallererst erkenne ich meinen Wunsch nach Ruhe an. Ich bitte meine Schutzengel um Hilfe und zeige ihnen, was ich brauche. Ich bitte sie, mir entweder einen Weg zu zeigen, Ruhe zu finden, oder mich durch die nächsten Stunden hindurchzutragen. Zum Glück habe ich meinen Laptop dabei. Diese Worte zu schreiben hilft, weil ich mich dadurch selbst spüre und deshalb meine Energie wieder wahrnehme. Ich kann mich beim Schreiben in mir selbst ausruhen.

Ein paar Minuten später gehe ich an einem Messestand vorbei, wo Massagen angeboten werden. Gerade wäre ein Termin frei – ja, spüre ich, das ist, was ich brauche, mein Körper will sich entspannen, ausruhen, einen Moment lang abschalten, damit sich meine Nerven, die all diese Energien ja durchleiten müssen, erholen. Noch mehr Energie zu bekommen wäre für meine Nerven Stress. Eine Massage, in der ich mich erholen darf und loslassen kann, ist dagegen der reine Segen. Dankbar lege ich mich auf die weiche Bank und lasse los, werde daran erinnert, wie wohltuend es ist, von anderen auf professionelle Weise berührt zu werden. Warum auf professionelle Weise? Weil ich sicher sein kann, dass mir diese nette Masseurin keine Energie nehmen wird, auch nicht aus Versehen, sie ist geschult, sie weiß, was sie tut.

Du kennst diese Umarmungen, bei denen du spürst, der andere schließt sich an dich an, als wärst du ein Akku, statt dir etwas zu geben? Halte dich davon fern, du spürst es bereits, wenn jemand auf dich zukommt.

Dankbar schließe ich die Augen, lasse mich berühren und komme wieder bei mir, in meinem ganz persönlichen, ureigenen Menschsein, an. Denn das ist es, was mein System braucht, nachdem ich so hohe Energien gehalten habe.

Wie können wir gut für uns sorgen?

Der erste und wichtigste Schritt, den ich auch immer wieder vergesse, deshalb jetzt hervorgehoben:

Lobe dich selbst für das, was du getan hast, erkenne dich an, klopfe dir auf die Schulter, und bestätige dir selbst, dass du es großartig gemacht hast. Denn das hast du.

Ich habe es schon einmal in einem anderen Buch geschrieben: Wenn du meinst, dass Eigenlob stinkt, dann zünde dir eine Vanilleduftkerze an, und tue es trotzdem. Du darfst dich selbst anerkennen, damit machst du dich unabhängiger von der Bestätigung von außen. Unangemessene Selbstkritik stinkt noch viel mehr, und nicht nur das, sie vergiftet schleichend und tödlich deine Lebensfreude.

Reinige dich, trenne dich bewusst von den Teilnehmern, ziehe deine Fäden zurück. Nicht nur, damit sie dich nicht weiterhin energetisch erreichen, sondern auch, damit du selbst nicht weiterhin Kraft und Aufmerksamkeit von ihnen ziehst, unbewusst natürlich, aber damit umso schädlicher. Im Schamanismus, wie ihn die Twisted Hairs lehren, geht man so weit, zu sagen: Wir trennen uns energetisch wieder ab, damit wir nicht die anderen mit unseren unbewussten Bedürfnissen, Projektionen und Ansprüchen verseuchen.

Und ja: verseuchen.

Wie sorgen erfahrene Seminarleiter für sich? Die Grundlage für deine Selbstfürsorge ist, anzuerkennen, dass du sie brauchst und natürlich brauchen darfst. Du hast viel für andere gespürt, und deine Nerven brauchen Erholung, indem du für eine Weile nur dich selbst spürst.

Hier einige Rituale:
Sonja von Staden, spirituelle Malerin und Heilerin, erzählte mir: »Ich vollziehe nach einem Seminar zunächst bewusst ein Trennungsritual, um mich von den eventuell noch vorhandenen Energien zu trennen.« Sie bittet Erzengel Michael, sein Schwert einmal um sie herum zu schwingen und alles in Liebe zu erlösen, was noch unerlöst ist. Sie gibt die Energien liebevoll zurück – und dann, sagt sie, liebt sie es, gut zu essen und zu trinken. Um wirklich zu sich selbst zurückzufinden, malt sie, sie tut also das, was sie am liebsten tut.

Melanie Missing, die mit Einhörnern in Kontakt steht, sagte: »Ich mache einen Waldspaziergang und verbinde mich mit den Kräften der Natur, sofort transformiert sich alles, was eventuell noch an mir hängt.« Sie verbindet sich mit den Naturwesen, achtet auf Zeichen am Wegesrand, lässt ihr Seminar Revue passieren und fragt innerlich nach, was sich beim nächsten Mal verbessern lässt. Sie segnet alle Teilnehmer, dankt ihnen für die intensiven Begegnungen und lässt sie dann los. Sport und Bewegung helfen ihr, sich zu erden. Außerdem, das hat sie mir verraten, aber das soll ich nicht schreiben, tanzt sie sehr gern zu Technomusik ☺.

Shantidevi Felgenhauer, eine erfahrene Heilerin, reinigt sich mit einem Salzbad und schenkt sich, wenn irgend möglich, einen Wellnesstag in einem Spa. Sie nutzt das Wasserelement, um mit sich selbst wieder in tiefen Kontakt zu kommen, schwimmt, lässt sich massieren.

Wir alle, die wir uns bewusst nach einem Seminar nähren, beziehen ausdrücklich den Körper und Bewegung mit ein. Ich nehme mir nach einem Seminar meinen iPod, suche mir die Musik, die mir gefällt, stelle mich in meinen Garten, am liebsten mitten in die Sonne, tanze wild und schüttle meinen ganzen Körper. Ich schaue meine Lieblingsserie und lasse so meine Nerven von all dem Spüren der fremden Energien ausruhen. Ich lese spannende Romane, mache Sport, gehe in die Natur, kümmere mich um meinen Garten. Außerdem vollziehen Mike und ich natürlich immer das weiter oben beschriebene Ritual des Energie-zu-sich-Zurückziehens. Ich dusche bewusst sehr lang und nutze am liebsten Lavendelduschcreme, außerdem erlaube ich mir, wenn es möglich ist, mindestens einen Tag lang niemanden zu sehen und nicht zu telefonieren, um ganz bei mir sein zu können – geliebte Familienmitglieder ausgeschlossen. Ich ziehe mich zurück, schreibe, meditiere nur für mich, ohne etwas dabei für andere spüren zu wollen, und bin einfach bei mir.

Etwas ganz Besonderes hab ich auf einer Fahrt durch Österreich erlebt: Ein wilder, klarer Wasserfall schäumte direkt neben der Straße eine Schlucht hinunter. Ich stellte mich so dicht wie nur möglich an diesen Wasserfall und nahm die unbändige Energie des Wassers in mich auf, ließ die Kontrolle los und schüttelte alles ab. Das erlebe ich in Natur nur sehr selten, und es ist einfach ein riesiges Geschenk.

Und natürlich habe ich Sex. Nichts reinigt dich schneller als sexuelle Energie, die du durch deinen ganzen Körper hindurchleitest, bis du wieder kraftvoll und klar bist.

Mike setzt sich auf sein Motorrad, ist zwei Tage mit sich allein unterwegs oder verbringt seine Nacht in der freien Natur, er legt sich selbst ein Medizinrad und vollzieht seine schamanischen Rituale.

Besonders beeindruckt hat mich Folgendes: Sandy Taikyu Shimu Kuhn, die in ihrem Buch »Mit Buddha Tee trinken« die Teezeremonie beschreibt, erzählte, dass sie zusammen mit ihrem Mann tatsächlich jeden Tag diese Zeremonie durchführt, sie haben sogar ein Reiseteeset. Außerdem meditieren sie jeden Tag zusammen und praktizieren ihre Kampfkunst. Jeden Tag! Respekt.

So diszipliniert bin ich nicht. Wenn ich intensiv und konzentriert gearbeitet habe, braucht mein inneres Kind Auszeiten, in denen es einfach albern sein kann. Mike und ich reden nach einem Seminar sehr viel Unsinn (das ist aber echt nicht nett, wenn du jetzt sagst, wir reden auch während des Seminars viel Unsinn) und lachen über alles Mögliche. Die inneren Kinder spielen erleichtert miteinander und toben sich aus.

Wozu ist all das nötig, sind wir nicht geführt, werden wir nicht genährt durch all die Energien, mit denen wir arbeiten? Wenn ich das meinen Körper frage, höre ich immer wieder Folgendes: »Ich spüre all diese Energien, die nicht meine sind, ich stehe zur Verfügung für all das, was durch dich zur Erde kommen will, und diene diesen hoch schwingenden Kräften. Ich brauche Auszeiten, um mich selbst wieder zu stabilisieren, zu regenerieren, um in meine eigene Schwingung zurückzufinden. Ich verliere meine ureigene Körperschwingung, wenn ich all diese Energien halte, spüre, durchlebe und nach außen sichtbar mache. Ich muss ausschwingen, um mich selbst wieder zu spüren.«

Ich biete bewusst keine Meditation an, weil das schon wieder nicht deine Energie wäre. Tue, was sich für dich gut anfühlt, tanze, lache, sei albern, lass los. Überprüfe nur bitte, ob das, was dir vermeintlich guttut, keine Sucht ist. Wenn ich mir nach einem Seminar Energie in Form von zu viel Schokolade gebe, dann tut mir das nicht wirklich gut, das kann bei dir anders sei, sei bitte nur aufmerksam. Du hast einen großartigen Job gemacht, einen wertvollen Dienst erwiesen. Und jetzt darfst du dich ausruhen. In der spirituellen Szene kursieren so komische Ideen, die mir als genesende Perfektionistin und als Leistungskind nicht guttun und auf die du bitte erst gar nicht hereinfällst. Denn du DARFST etwas brauchen, auch wenn du die tollste Engelenergie channelst und mit den coolsten Krafttieren verbunden bist. Es ist dein Körper, der etwas braucht, deine Nerven und dein emotionales System müssen sich erholen.

Besonders gefährlich (ja, ich meine gefährlich) finde ich die Idee: Wenn du ganz und gar in der Liebe bist, dann brauchst du dich nicht zu schützen. Ach ja? Woher wissen wir das? Wer ist schon ganz und gar in der Liebe und weiß, was dann wäre und sein könnte? Gerade wenn du glaubst, du bist voll und ganz in der Liebe, ist die Gefahr ziemlich groß, dass sich dein Ego breitmacht und dadurch Tür und Tor für alles Mögliche öffnet. Erleuchtete sind natürlich ausgeschlossen, aber die kommen nicht mit solchen Texten daher, sondern sind im Mitgefühl, nicht im Dogma. Ich bin nicht einmal sicher, ob das mit der Liebe so stimmt, meinem Gefühl nach geht es um Bewusstsein. Je bewusster du bist, desto klarer kannst du sein, und umso besser passt du auf dich auf. Denn was bedeutet Liebe auf der Erde? Doch wohl auch, gut für sich selbst und für den Menschen, der du bist, zu sorgen, oder?

Du brauchst nicht »besser« zu sein als andere. Wenn du Seminare gibst, sind die Anforderungen an dich sehr hoch. Menschen projizieren alles Mögliche auf dich, und es kann leicht passieren, dass du darauf hereinfällst. Dein wichtigster Schutz sind deine Klarheit und deine Authentizität. Das ist so ein Wort – ich könnte auch einfach sagen: Sei ehrlich. Wem dient es, wenn du so tust, als wärst du unverletzbar, nicht menschlich? Die Menschen wollen von dir lernen, wie es ist, hier auf Erden glücklich zu sein. So lerne, es selbst zu sein. Im Himmel brauchen wir nichts. Meine Seele braucht nichts, sie ist angebunden und eins mit allem. Mein Menschsein aber braucht wie jedes biologische Wesen auf dieser Erde eine ganze Menge, denn hier spielt die Musik der Schöpferkraft. Je besser du dein eigenes Menschsein nährst, desto besser kannst du für all die anderen da sein. Unglückliche Seminarleiter, die sich in Wahrheit nach ihrem spirituellen Zuhause sehnen, dienen auf Erden nicht wirklich. Erlaube den Aspekten, die ins Reich deiner Seele zurückkehren wollen, das zu tun, und komme mit den Aspekten zurück, die stabil auf der Erde sein wollen. Stärke dein Menschsein, tue, was dich tief erfüllt, egal, was es ist, und gehe offen damit um. Denn wir beginnen, ein Bild von uns aufzubauen, wenn wir nicht sorgfältig darauf achten, berührbar zu bleiben. Dieses Bild zieht uns manchmal noch weitaus mehr Kraft aus den Knochen als die Seminare selbst, vor allem, wenn wir es aufrechterhalten wollen.

Ich erlebe immer wieder, je ehrlicher ich mich mit dem zeige, was ist, desto weniger verletzbar bin ich, denn ich zeige meine Themen sowieso. Ausgenommen sind natürlich meine wahrhaft verletzlichen Aspekte, die gehören auf keinen Fall in die Öffentlichkeit, sondern in mein Herz, gegebenenfalls auf die Couch meines Therapeuten und unbedingt in die Arme meines Liebsten.

Schreibe dir eine Liste mit dem, was du brauchst, um dich selbst zu nähren, und nimm dir die Zeit, das auch zu tun.

Hier eine kleine Auswahl der wichtigen Aspekte:

› Lobe dich selbst!
› Erkenne an, dass du nun deinerseits etwas brauchst.
› Reinige dich von all den Energien, die du aufgenommen und gerufen hast.

› Ziehe deine Energien voll und ganz zu dir zurück, damit du weder selbst an deinen Teilnehmern hängen noch verfügbar bleibst für die Bedürftigkeit der anderen.

› Nimm dir eine Auszeit, in der du nur dich selbst zu spüren brauchst.

› Tue, was dir physisch Spaß macht, gerade dein Körper braucht Zeit und Muße, um in seine eigene Schwingung zurückzukommen – und kümmere dich um dein inneres Kind!

› Nähre dich mit allem, was deiner Seele guttut, über Musik bis hin zu Kunst, Büchern, Seminaren, die du für dich selbst nimmst.

› Halte dich fern von emotionalen Dramen anderer und deinen eigenen. Deine Gefühle brauchen eine Zeit der Gelassenheit und der Ruhe.

› Suche dir bitte Hilfe, wenn du etwas brauchst, denn wenn du mit anderen arbeitest, werden deine eigenen Themen sicht- und spürbar.

› Übe dich in Demut vor dem Menschen, der du bist. Lerne, verfeinere dich selbst immer weiter, kläre dich, tue das für dich selbst, was du andere lehrst.

› Übe dich im Neinsagen.

Wie aber können wir auch dann gut für uns selbst sorgen, wenn uns das Leben beutelt, wenn uns der Sturm unserer eigenen Angelegenheiten um die Ohren pfeift?

Manchmal heißt es dann einfach: Durchhalten! Damit meine ich auf keinen Fall, ins Opfersein zu gehen, sondern die Kräfte zu rufen und zu mobilisieren, die wir brauchen, um weiterzumachen. Hier brauchst du die Erde, die Energie des Westens, wie die Schamanen sagen, das Halten und das Verbundensein mit deinen eigenen Wurzeln. Darum ist es sinnvoll, diese Wurzeln in guten Zeiten zu stärken, sodass du auf sie zurückgreifen kannst, wenn du sie brauchst. Beim Schreiben merke ich, wie lapidar das klingt, doch ich meine es tiefernst. Ich weiß, was ich brauche, damit ich stabil bleiben kann: Zwölf-Schritte-Gruppen, in denen ich voll und ganz wahrhaftig zeigen kann, was mich selbst bindet und beschämt, einige Therapeuten, Heilpraktiker und Ärzte, denen ich vertraue, meine Katzen, Sport und vernünftige Ernährung, Kuscheln, Sex und Menschen, denen ich nichts vormachen kann und vorzumachen brauche, weil sie mich lieben ... und noch eine Menge mehr. Ich brauche viel, um dem gerecht werden zu können, was ich tue, und je mehr ich dazu stehe, desto mehr kommen meine Lebensbereiche ins Gleichgewicht.

Erlaube dir, etwas zu brauchen. Als Mensch bist du ein Teil, ein Fragment eines großartigen biologischen Systems, das sich immer wieder neu ausbalanciert. Je mehr dir das bewusst ist, desto liebevoller, bereitwilliger und demütiger sorgst du für dich selbst. Demütig?, fragst du. Ja, weil du anerkennst, dass du etwas brauchst, um auf Erden zu leben. Und das darfst du auch, es ist ja da. Je offener du deine eigenen Bedürfnisse anerkennst, desto leichter werden sie erfüllt, das erlebe ich immer wieder. Es ist Scham, die uns daran hindert, unsere Bedürftigkeit anzuerkennen, die Scham darüber, zurückgewiesen zu werden und als »zu viel« zu gelten. Um in jeder Hinsicht gut genährt zu sein – körperlich, spirituell, emotional geistig, mental –, werde dir darüber bewusst, was du tatsächlich brauchst und was dir schadet. Je ehrlicher du dir selbst gegenüber zugibst, wer und was dich nährt und wer und was nicht, desto besser kannst du für dich sorgen.

Ich bin einen weiten Weg gegangen. Ich arbeite mit Menschen, seit ich zwanzig bin: als Physiotherapeutin und ganzheitliche Masseurin, als Lebensberaterin, als psychologische und spirituelle Beraterin, als Seminarleiterin und Meditationslehrerin. Immer wieder bin ich an einem Burn-out vorbeigeschrammt, musste mich immer wieder finanzieller Existenzangst stellen, wenn ich eine Praxis verlassen habe, weil ich spiritueller, ganzheitlicher, tiefer arbeiten wollte. Ich musste mich um meine Co-Abhängigkeit kümmern und bin durch tiefe Prozesse gegangen, immer wieder. Wenn sie heute anstehen, bin ich bereit. Wenn mich das Leben heute weiter ruft, bin ich bereit.

Die wesentliche Frage, die sich mir auf meinem Weg immer wieder gestellt hat, ist: Wem dienst du? Ich diene nicht den Menschen, auch wenn es so aussehen mag, auch nicht den Seelen. Ich diene allein und ausschließlich dem Leben und damit der Liebe, für mich gibt es da keinen Unterschied. Wohin es mich auch ruft und führt, ich gehe mit.

Wem dienst du? Mache dir das bitte ganz klar, damit du dich nicht in den Strukturen verfängst, die du durch deine Arbeit aufbaust. Wenn du frei bleiben und authentisch sein willst, dann sei bereit, all das, was du aufgebaut hast, hinter dir zu lassen, loszulassen, wenn das Leben dich weiterruft. Es kann ein Zwischenschritt gewesen sein. Lerne, was dich interessiert und berührt, und befreie dich immer wieder mutig und wild von den Ansprüchen, die von außen und aus deinem Perfektionismus heraus an dich gestellt werden. Zentriere dich im Herzen, besonders aber in deinem Wurzelchakra, denn hier findest du deine wahre innere Stimme – die des Menschen, der du bist. Das Herz kann und will viel, aber der Mensch weiß, was auf der Erde wahrhaft funktioniert und was dich nährt.

Woran erkennt man ein gutes Seminar?

Ich habe einige Teilnehmer gefragt, woran man ein gutes Seminar erkennt. Hier die Antworten, vielleicht inspirieren sie dich und zeigen dir, dass du es bereits sehr gut machst.

»Ein guter Seminarleiter gibt mir das Gefühl von Sicherheit. Manchmal erlebe ich Dinge während eines Seminars, die mich verunsichern, erstaunen oder grinsen lassen. Ein guter Seminarleiter erklärt mir die Dinge so, dass ich sie verstehe, und nimmt mich mit meinen Erlebnissen sehr ernst. Vor allem macht er mir bewusst, dass ich meine Erlebnisse auch selbst ernst nehmen kann und muss. Außerdem ist Humor, gerade bei anstrengenden Seminaren, für mich sehr wichtig.«

»Vor sehr vielen Jahren war ich mal auf einem Lebensfreude-Seminar von Bärbel Mohr. Sie war eine der wenigen, die sehr authentisch rüberkamen. Jeder Teilnehmer wurde so gelassen, wie er war. Keiner wurde von oben herab oder als etwas Besseres behandelt. Sie hatte zwar feste Standpunkte, die sie uns vermitteln wollte, ließ jedoch den Dingen trotz allem ihren freien Lauf und Rhythmus. Ich glaube, es ist ein gelungenes Seminar, wenn man das, was man seinen Teilnehmern rüberbringen möchte, auch tatsächlich selbst so lebt und empfindet.«

»... wenn ich den Inhalt des Seminars für mich gut ein- und umsetzen kann und wenn der/die Seminarleiter/in authentisch, ehrlich und wahrhaftig ist. Vor allem, dass jeder so angenommen

wird, wie er/sie ist. Eine gute Energie im Raum ist wesentlich. Und dass aus fremden Menschen innerhalb der Gruppe eine Einheit wird, dass gemeinsam gearbeitet wird.«

»Für mich ist ein gutes Seminar daran erkennbar, dass sich durch das Seminar die Realitäten und das Verhalten der Teilnehmer nachhaltig verändert haben (Lernen im Sinne von Verhaltensänderung).«

(Dazu eine Anmerkung von mir, Susanne: Du hast als Seminarleiter keinen Einfluss darauf, was deine Teilnehmer aus dem, was du anbietest, machen, so sieh das nicht als Auftrag.)

»Bei einem guten Seminar müssen für mich erst einmal die Rahmenbedingungen stimmen. Ist der Raum groß genug, sodass jeder genug Platz hat, im Sommer kühl genug, im Winter warm genug, sind die Toiletten sauber? Usw. Denn wenn ich dort hinkomme und mich nicht wohlfühle, ist das Seminar schon gelaufen. Außerdem sollte die Teilnehmerzahl so groß/klein gehalten werden, dass jeder dazu kommt, nach den Übungen/Medis etwas zu sagen, falls er das möchte. Eine gute Zeitplanung ist für mich wichtig. Das, was an Themen angekündigt wurde, sollte auch durchgenommen werden. Wobei Änderungen natürlich okay sind, wenn es für die Gruppe stimmig ist. Ich möchte das Gefühl haben, dass ich mit meinen Anliegen für voll genommen werde. Wenn ich inspiriert und beflügelt aus dem Seminar gehe und Ansätze gefunden habe, wie ich in dem einen oder anderen Lebensbereich in Zukunft etwas verändern kann, dann hat der Seminarleiter auf jeden Fall etwas richtig gemacht. Bei der Ener-

giearbeit dauert es manchmal eben ein bisschen länger, bis man merkt, was das Seminar für einen getan hat. Daher ist es je nach Thema manchmal auch sinnvoll, später noch einmal nachzufragen, was sich für die Teilnehmer verändert hat.«

»Ein gutes Seminar ist für mich, wenn es eine Vorstellungsrunde gibt, der Leiter jeden Einzelnen ernst nimmt, indem man »gehört« und mit seinen Fragen und Bedürfnissen wahrgenommen wird, die Atmosphäre liebevoll und ansprechend ist, zwischendrin Gesprächsrunden stattfinden und zum Schluss eine Feedbackrunde gemacht wird. Mir sind Seminare mit weniger Leuten lieber, weil es überschaubar ist und man Kontakt mit den anderen knüpfen kann.«

»Das Ambiente sollte zu dem jeweiligen Seminar passen. Raumgröße passend zur Teilnehmeranzahl, warm oder kühl – je nach Jahreszeit – und liebevoll eingerichtet. Die Teilnehmer sollten das Gefühl haben, dass alles in einem geschützten Rahmen geschieht, dass das Gesagte in der Runde verbleibt und in dieser Runde jeder offen über seine Gefühle und Gedanken reden und auch zeigen darf ... alles darf da sein. Vorstellungsrunde, maximal eine bis eineinhalb Stunden Seminar, dann ausreichend Pause usw. und eine Feedbackrunde natürlich auch. Der Seminarleiter sollte kompetent sein und dies auch ausstrahlen. Eine gewisse Struktur im Ablauf sollte ebenfalls vorhanden sein, wobei nichts in Stein gemeißelt sein sollte, da ist auch Flexibilität beim Leiter gefragt. Humor ist sehr wichtig, denn mit Spaß und Freude läuft ein Seminar wie geschmiert. Und dass für das leibliche Wohl der Gäste gesorgt ist, versteht sich für mich von selbst. Das angestrebte *Ziel sollte am Ende erreicht und die Teilnehmer so zufrieden sein, dass sie das Seminar bzw. den Seminarleiter jederzeit weiterempfehlen würden.«*

Du siehst, letztlich wollen alle etwas sehr Ähnliches.

Wie hoch die unterschiedlichen Ansprüche sind, welche Raumgröße als angemessen empfunden wird und wie viel Verpflegung du zur Verfügung stellst, ist sicherlich sehr unterschiedlich, je nach Thema, nach Seminargebühr (schöne Räume kosten nun einmal auch eine gewisse Summe) und auch je nach Zielgruppe. Entscheidend ist, ob es für dich stimmig ist. Wenn du dich wohlfühlst, dann werden es deine Teilnehmer auch tun, denn sie kommen ja zu dir und passen deshalb auch zu deiner Energie. Alle anderen bleiben sowieso weg.

Geld ist fließende Energie

Wir müssen über Geld reden. Das hatte ich zuerst nicht geplant, aber du verlierst unglaublich viel Energie, wenn du das Gefühl hast, nicht angemessen bezahlt worden zu sein, was immer in deinem Fall »angemessen« bedeutet (darüber werden wir nicht reden, denn das entscheidest nur du selbst). Es muss finanziell passen, sonst bleibt ein ungutes Gefühl, das kenne ich auch sehr gut. Dann bist du nach dem Seminar einfach deshalb ausgepowert, weil du zu wenig Energie zurückbekommen hast. Lass uns Klartext reden! Du gibst ein Seminar, du hast hohe Kosten. Da sind:

› Raummiete,
› Strom und Wasser,
› Werbemittel,
› Verpflegung für die Teilnehmer, also Tee, Kaffee, Kerzen, Blumen und was man sonst noch so braucht,
› Fahrt-, Flug-, Hotelkosten inklusive Zeitaufwand, um überhaupt dort hinzufahren, wohin es dich ruft,
› deine Verpflegung,
› 19 Prozent Mehrwertsteuer,
› Einkommensteuer,
› meistens 30 Prozent für denjenigen, der das Ganze organisiert hast, wenn du es nicht selbst getan hast (was manchmal einfach gar nicht geht, weil das Seminarzentrum jemandem gehört),

> manchmal musst du sogar ein Zimmerkontingent buchen,
> Stornogebühren, falls das Seminar nicht zustande kommt.

Verzeihe, wenn ich etwas vergessen habe, das für dich wesentlich ist.

Wenn ich nach dem Seminarpreis gefragt werde, dann sage ich immer, was ich netto als Einnahme haben will, das variiert je nach Aufwand. Mehrwertsteuer und das, was der Organisierende für sich braucht, kommen dazu. Vorsicht! Ein Tagesseminar kostet nicht die Hälfte eines Wochenendseminars. Der Fahrtkosten und manchmal auch die Hotelkosten sind die gleichen. Rechne sorgfältig aus, was du brauchst, damit es sich für dich lohnt. Es ist sinnvoll, die regionalen Gegebenheiten zu respektieren, aber nur bedingt. Du musst davon leben. Natürlich ist es schade, wenn ein Seminar nicht stattfindet, weil es zu teuer ist, dann rechne noch mal neu oder senke die Kosten. Aber ehrlich gesagt, im Zweifelsfall lasse ich es lieber darauf ankommen, als mit dem Gefühl nach Hause zu fahren, unterbezahlt worden zu sein. Wenn sich wenige anmelden und du deshalb zu wenig verdienst, dann ist das eine Sache. Wenn dich deine Teilnehmer aber im Preis drücken, dann fühlst du dich zu Recht geprellt. Selbstverständlich erwarten sie aber die gleiche Leistung. Das geht nicht. Entscheide bitte ganz klar für dich, was du willst, es ist deine Zeit.

Willst du auf Spendenbasis arbeiten, dann tue das, fange dich aber bitte selbst auf, wenn du dich trotz positiver Affirmation und Ausrichtung auf Fülle unterbezahlt fühlst. Ich hab einmal für einen zweistündigen Workshop von einer Teilnehmerin ein

Fünfzigcentstück bekommen, und egal, wie du das siehst, es erzeugt einen Giftstachel – das erkennst du schon daran, dass ich mich immer noch daran erinnere. Wenn du frei genug bist, um damit gut leben zu können, dann nutze die Spendenbasis, ich bin es nicht. Etwas in mir beginnt zu weinen, wenn es sich für mich anfühlt, als würde meine Arbeit missachtet werden. Lass dir nicht einreden, du müsstest damit klarkommen. Musst du nicht! Du darfst eine Form der Bezahlung finden, die dir das Gefühl gibt, genährt zu werden.

In der spirituellen Szene kursieren sehr merkwürdige Anspruchshaltungen, als dürftest du kein Geld für das nehmen, was du tust. Wenn du es dir leisten kannst, kostenfrei zu arbeiten, und wenn du dich damit gut fühlst, dann tue es. Aber lass dir kein unangemessenes Dogma andrehen, schon gar nicht von denjenigen, die davon profitieren würden!

Wenn jemand kostenfrei arbeiten kann, dann frage ihn bitte zunächst, wer diese Kostenfreiheit finanziert, denn irgendjemand muss dafür herhalten, außer derjenige hat tatsächlich im Lotto gewonnen oder besitzt ein großes finanzielles Polster. Diese Menschen werden aber auch demütig und dankbar sein, statt zu fordern, dass auch andere unentgeltlich behandeln, oder gar neidisch zu werden, wenn jemand für seine Arbeit gut bezahlt wird. Ich sage das extra so deutlich, damit du dich traust, dich bezahlen zu lassen. Du selbst weißt, wie hoch deine Ausbildungskosten waren, wie viel Geld du zu deinem eigenen Therapeuten getragen hast und was Miete, Krankenkasse, Auto, Kaffee, Sojamilch oder Yogitee kosten. Wenn du es dir leisten kannst, unentgeltlich zu arbeiten, und es dich mit Freude und Kraft erfüllt, dann nur zu. Aber lass dich nicht erpressen! Schaue bitte immer, wer dich auf deine Kosten anspricht. Wenn es jemand ist, der etwas von dir fordert, kannst du ihn getrost rauswerfen.

Es ist übrigens nicht spirituell besonders wertvoll, Seminare oder Sitzungen kostenlos anzubieten, wenn man es auf Kosten eines anderen tut, weil man z. B. durch den Partner finanziert wird. Es ist einfach ein Geschenk des Lebens an dich. Denn dann zahlt dein Partner dafür und schützt dich womöglich davor, dich mit Kosten, Rechnungen und der Wertschätzung für deine Arbeit herumzuschlagen. Es ist wunderbar, wenn jemand seine Energien kostenfrei zur Verfügung stellen kann, aber nicht auf Kosten anderer! Sonst ist es schlichtweg nicht kostenfrei. Das kannst du natürlich machen, deine Klienten werden es dir sicher danken, aber hoffentlich nicht nur dir. Denn dann muss der, der das Geld heimbringt, ernsthaft dafür anerkannt werden. Er ermöglicht das Ganze erst. Ich halte es ehrlich gesagt für verlogen, wenn jemand tönt, er könne kostenlos behandeln und alles andere wäre nicht spirituell. Irgendeiner zahlt die Rechnung. Das sage ich im Allgemeinen, ich kenne deine Situation nicht, und sie geht mich auch nichts an. Ich höre nur oft genug: »Ich nehme nicht viel dafür«, und wenn ich dann frage: »Aber wie finanzierst du dich?«, höre ich: »Mein Partner trägt das.« Wenn das so ist, dann neige dein Haupt in Demut, und danke ihm oder ihr zutiefst.

Hier ein Beitrag eines Seminarleiters zum Thema Spendenbasis:
»Ich habe mir auch mal wegen der immer wiederkommenden
Argumente bestimmter Menschen, man müsse auf Spendenbasis arbeiten, überlegt, was notwendig wäre, damit das überhaupt ginge: Raum, Material, Versorgung der Teilnehmer mit
Essen und Getränken, Zeit – das alles muss dem Seminarleiter
zur Verfügung gestellt werden. In der Praxis sieht es so aus,
dass ich enorme finanzielle Risiken eingehe (von der Zeit ab-
gesehen), wenn ich für ein Intensivseminar ein Seminarhaus für
30 Personen reserviere. Nicht die Teilnehmer, die nicht kommen, sondern ich bin derjenige, der eine hohe Stornogebühr
zahlt, wenn ich das Seminar absagen muss. Um unsere geis-
tig-spirituelle Arbeit tun zu können, brauchen wir Ressourcen
(Zeit, Materialien, Räume, Lebensunterhalt). Werden mir diese
(von den Teilnehmern) nicht zur Verfügung gestellt, muss ich
einen großen Teil meiner Lebenszeit darauf verwenden, meinen Lebensunterhalt zu verdienen. Ein kleiner Rest bleibt dann
übrig, um »mein Geschenk in die Welt zu bringen«. Was für
eine Verschwendung – denn so bleibt der größte Teil meines
Geschenkes ungenutzt, kommt nicht mehr bei den Menschen
an. Das Problem ist, dass die meisten Menschen eine sehr ne-
gative Einstellung zum Geld haben – schmutziges Geld für un-
geliebte Arbeit. Wenn ich etwas tue, was mir Freude macht,
darf ich um Himmels willen kein Geld nehmen, weil das meine
Arbeit »besudelt«. Tatsächlich ist Geld neutral, es ist genauso
ein Teil Gottes (es gibt nichts außerhalb von Gott) wie alles
andere. Geld, richtig und angemessen genutzt, kann sehr viel
Segen bringen und gibt uns erst die Möglichkeit, wirklich viel
zu bewegen.

Als Seminarleiter ermöglichen wir es erst, dass die Besitzer von Seminarhäusern ihre schönen Räumlichkeiten und ihren liebevollen Service anbieten können. Müssen wir billig und billiger sein, so könnten Seminarhäuser auch nicht überleben. Ich selbst habe einen Weg für mich gefunden, der sich für mich stimmig anfühlt: Ich gebe einen regulären Seminarpreis an, und Menschen mit geringem Familieneinkommen lasse ich die Möglichkeit, auf Basis ihrer finanziellen Selbsteinschätzung selbst den Betrag zu bestimmen, den sie für das Seminar zahlen. Hier gibt es einen Minimalbetrag, der meine Kostendeckung ermöglicht. Ich habe bislang noch nicht erlebt, dass ein Seminarteilnehmer dieses System missbraucht hat. «

Wir, Mike und ich, arbeiten nie auf Spendenbasis, denn damit gäben wir die Verantwortung für die Bezahlung in die Hände des Klienten, und das fühlt sich für uns nicht gut an. Ich selbst zahle auch nicht gern auf Spendenbasis, weil ich nie genau weiß, ob es nun angemessen ist oder nicht.

Achte bitte darauf, dass dein Wunsch nach der Spendenbasis nicht einfach nur aus deiner eigenen Unsicherheit heraus, was ein vernünftiger Preis ist, entstanden ist! Denn sonst gibst du die Verantwortung für deine Versorgung an den Klienten weiter, und das ist nicht besonders sinnvoll. Es tut deinem Klienten nicht gut, denn er muss nun plötzlich für dich sorgen, weil du dich nicht klar machst.

Wenn jemand wirklich sehr wenig Geld zur Verfügung hat, dann unterscheide ich ausdrücklich zwischen denen, die den-

noch unbedingt kommen wollen, und denen, die sich auf ihrem Opfertrip befinden und glauben, ihr Mangel würde sie zu
etwas Besonderem machen. Das sind immer die, die freie spirituelle Sitzungen fordern und mir vorwerfen, ich sei zu teuer.
Niemand bekommt von mir eine Sonderbehandlung. Ich erlaube nicht, dass mir der Mangel meines Klienten weitergereicht
wird. Warum nicht? Weil ich sonst an den Mangel GLAUBE, ihn
anerkenne und unterstütze!

Und so mache ich Folgendes: Ich frage den Klienten, was er
zahlen kann und will, und biete ihm an, mir für den Rest der
Summe einen Dienst zu leisten. Irgendetwas kann jeder, und
ich erinnere Menschen gern an ihr eigenes Potenzial. Nein, das
klingt zu freundlich. Ich bestehe darauf, dass mir ein Mensch
sein eigenes Potenzial anbietet, wenn er meine nutzen will. ET-
WAS will ich dafür haben – als Energieausgleich, weil es mich
und den Teilnehmer schwächt, wenn er sich im wahrsten Sinn
des Wortes energetisch impotent, also machtlos fühlt. Es reicht
z. B. schon, nach Absprache einen Kuchen für das Seminar zu
backen, das spart mir Zeit und ist eine nette Geste. Auch unseren Raum hinterher zu putzen oder etwas anderes für uns zu
tun, ist nach Absprache vollkommen in Ordnung, ich rechne
das nie in Stundenlöhne um, darum geht es gar nicht. Jeder
kann etwas. Jeder ist in der Lage, einen Energieausgleich anzubieten, es muss nicht Geld sein. Aber es muss ein Ausgleich
sein. Will ich etwas verschenken, was ich gern tue, dann nur
freiwillig, nicht, weil der andere es aus eigenem Mangel fordert.
Es mag sein, dass das egoistisch klingt, nun, das macht nichts.
Ich bestehe einfach darauf, dass meine Arbeit anerkannt wird,

und dazu gehört, dass mir der andere einen Ausgleich anbietet. Warum? Weil ich sonst traurig werde. Weil ich sonst Mangel annehme und in mir hüte. Weil ich dem anderen glaube, dass er nichts hat, und das kann einfach nicht sein. Und weil ich sonst dem anderen die Mühe abnehme, seine Kräfte zu mobilisieren, die Kräfte, mit denen er sich beschaffen kann, was er braucht. Das ist oft schon die halbe Therapiesitzung, das halbe Seminar.

Die andere Variante ist diese: Ich sage meinem Interessenten, dass mein eigener Kanal für Fülle offen ist, egal, was seiner macht. Dann biete ich ihm folgende Übung an:

» ÜBUNG

Ich sage zu ihm: »Stelle dir jetzt bitte vor, wie sich in dir ein Kanal öffnet, der genau die Summe anzieht oder durch dich hindurchfließen lässt, die du brauchst, um eine Sitzung zu bezahlen.«

Ich beginne, vorsichtig zu ziehen, als würde ich die Summe, die mein Klient braucht, um meine Arbeit zu honorieren, durch ihn hindurch zu mir ziehen. Seine Aufgabe besteht nur darin, als Mittler dafür zu fungieren.

Ich sage ihm: »Und von nun an, wenn du etwas brauchst, bitte darum, dass der entsprechende Ausgleich durch dich zu demjenigen fließt, von dem du es haben willst, du bist nur der Mittler, der Kanal.«

Was bringt das?

Sein Mangel spielt auf einmal keine Rolle mehr, denn er öffnet sich für MEINE Fülle, nicht für seine eigene, nicht vorhandene. Damit erkennt er, dass er durchaus in der Lage ist, die Mittel für das, was er braucht, in sein Leben fließen zu lassen, nämlich indem er den Energiezustand desjenigen aufruft, dessen Unterstützung oder Dienste er braucht. Und natürlich entsteht dadurch auch bei ihm Fülle. Denn es kann ja sein, dass er sich selbst für wertlos hält. Mich aber nicht, sonst würde er nicht um meine Hilfe bitten. Und in Wahrheit hält er sich auch selbst nicht für wertlos, denn dann würde er erst gar nicht um Hilfe bitten. So kann er sein Gefühl der Wertschätzung für mich nutzen, um sich selbst zu nähren. Warum funktioniert das? Weil er letztlich sowieso sich selbst meint. Wenn er zu mir kommen will, weil er mich wertschätzt, dann zeigt das einfach, dass er sich selbst mehr liebt, als es ihm bewusst ist. Es ist der Amygdala egal, wohin die Wertschätzung zeigt, die Hauptsache ist, er fühlt sie und nutzt diese Kraft. Das ist doch super, oder?

Das klappt oft erstaunlich gut, manchmal geschehen geradezu Wunder. Und natürlich entsteht dadurch auch bald beim Klienten selbst ein Gefühl der Fülle.

Lass dir nicht den Mangel deines Klienten andrehen, sonst stehst du auch bald im Regen. Es dient einfach niemandem, wenn du den Kelch des Mangels annimmst und die vermeintliche Armut des anderen ausgleichst. Erinnere deine Klienten lieber an ihre eigene Fülle, und nimm an, was sie dir zum Ausgleich anbieten, wenn es dir angemessen erscheint und wenn du es gebrauchen kannst. Ich habe immer erlebt, dass das den Klienten stärkt. Achte darauf, dass er sich nicht zu all dem, was er sowieso schon mit sich herumschleppt, auch noch die Scham der Zahlungsunfähigkeit aufbürdet. Verschenke alles, wenn du es willst und kannst. Aber entscheide selbst, und lass dich nicht vom Mangel des anderen erpressen. Das ist nicht gesund, weder für den anderen, weil du es ihm durchgehen lässt, noch für dich selbst.

Wie man eine Gruppe hält

Ich möchte ganz sicher nicht bei mir selbst abschreiben, aber hier tue ich es ganz bewusst: Diesen Text findest du so ähnlich auch im Buch »Meditationen anleiten und führen«. Weil viele von euch nachgefragt haben und sicher einige dieses Buch hier lesen, aber das andere nicht, füge ich meine Erfahrungen als Seminarleiter hinzu.

Innere und äußere Räume schaffen

Wie erschafft und hält man ein Energiefeld, in dem sich andere sicher fühlen, sich entspannen können und womöglich noch spirituelle Erfahrungen machen? Und wie sorgt man dafür, dass der Raum lichtvoll bleibt? Wie schützt man ihn, wie schützt man sich selbst vor unerwünschten Energien zum Beispiel aus der Astralebene? Denn das sollte dir klar sein: Wenn du einen energetischen Raum anbietest, wenn deine Teilnehmer kommen und sich reinigen, befreien und neu auftanken wollen, bringen sie alle möglichen »Besucher« mit, erwünschte und nicht ganz so erwünschte. Das war mir, als ich vor über fünfzehn Jahren begann, Gruppen zu leiten, nicht ganz so bewusst – obwohl ich viel über das Reinigen gelesen hatte, es auch oft praktizierte. Ich dachte, eine reine Absicht genüge, und weißt du was: Das stimmt auch. Aber dazu gehört, dass du das Schwert der Klarheit führen kannst. Du solltest in der Lage sein, zu erkennen, wann sich dunkle, energieraubende Kräfte einschleichen, und wissen, wie du ihnen Einhalt gebietest: innen und außen! Es gibt Teilnehmer, die – zumeist unbewusst – viel Energie saugen. Du erkennst das daran, dass sie nach den Übungen eine Frage nach der anderen stellen – jene Art von Fragen, bei denen du spürst: Es kommt gar nicht auf die Antwort an, vielmehr suchen sie deine Aufmerksamkeit zum Beispiel mit »Ja, aber ...«-Fragen. Das ist den meisten nicht bewusst, und ich erlebe es auch nur sehr selten (falls das jemand liest, der meine Gruppen besucht: Bitte, traue dich weiterhin zu fragen, dich meine ich nicht!), aber es gibt Menschen, die die gesamte Energie an sich reißen wollen. Dann musst du energisch und klar bleiben und die Gruppe schützen. Du dienst der Gruppe, nicht dem Einzelnen. Wenn du eine Gruppe leitest, verpflichtest du dich, den Raum der Gruppe zu schützen. So traue dich, den Raum zu verteidigen, wenn du spürst, das Ganze läuft aus dem Ruder (in solchen Fällen wirst du ungeduldig und nimmst wahr, wie jemand zu viel Aufmerksamkeit in Anspruch nimmt). Der innerlich gesprochene Satz »Ich stehe nicht mehr zur Verfügung« kann dir helfen, dich wieder klar zu fühlen, wenn du spürst, jemand will dich in seinen Bann ziehen, dich in Beschlag nehmen – du wirst frei, entsprechend zu reagieren.

Ich würde dir gern ein paar Sätze vorgeben, die du anwenden kannst. Beachte jedoch, dass die Situationen oft sehr unterschiedlich sind; so nimm diese Sätze nur als Anregung. Eine Möglichkeit, zu reagieren, wenn jemand aus der Gruppe Energie saugen will, ist:

»Das sprengt den Rahmen dieser Gruppe. Ich verstehe, dass Sie noch viele Fragen haben, aber die sollten Sie viel-

leicht lieber in einem Einzelgespräch klären.« (Oder du verweist auf ein Buch.)

Das bedeutet nicht, dass dieses Einzelgespräch mit dir stattfinden muss und schon gar nicht, dass es in der Pause geschieht. Schütze bitte besonders dich selbst. Du führst die Gruppe, und dann gehst du, schließt den Raum, stehst nicht mehr zur Verfügung – außer du hast noch sehr viel Energie und vor allem Spaß daran, weitere persönliche Fragen zu beantworten. Du kannst auch, an die Gruppe gewandt, um niemanden bloßzustellen, sagen:

»Es ist wichtig, dass ihr lernt, die Energie, die ihr braucht, aus dem Kosmos zu erbitten, nicht aus euch selbst heraus, schon gar nicht von mir, sondern aus der unermesslichen Quelle der göttlichen Lebenskraft – so, wie wir es in den Meditationen lernen. Sonst werdet ihr abhängig von Menschen wie mir, und das dient niemandem.«

Diese Aussage stimmt, und sie verweist jeden auf die wahren Kraftquellen und die eigene innere Weisheit, für die du ja nur der Mittler bist und sein willst. Du wirst die richtigen Worte für deine Art der Arbeit und für deine Gruppen finden.

Du spürst, ob dir jemand Energie abziehen will oder ob jemand echte Fragen hat, deren Antworten er nutzt, um seinen Weg selbstverantwortlich weiterzugehen. Echte Fragen erkennst du daran: Du antwortest gern und lebhaft, die Antworten sprudeln, wenn du sie kennst, leicht und selbstverständlich aus dir heraus. Du bleibst wach und konzentriert. Energiesaugende

Fragen dagegen machen dich müde; du wirst innerlich unruhig, ungehalten; du spürst, jemand will dich vereinnahmen, und du reagierst vielleicht innerlich ein bisschen genervt. Natürlich lässt du dir das nicht anmerken, aber verdränge es auch nicht. Du bist dadurch nicht unprofessionell, sondern du reagierst lediglich adäquat auf die dir entgegengebrachte Energie. Nimm also dieses Gefühl als Hinweis.

Manchmal bin ich auch sehr deutlich und sage:

> *»Wie wäre es, wenn Sie das, was Sie in der Meditation oder Übung erfahren und gespürt haben, erst einmal verarbeiten und annehmen? Es ist wichtig, dass wir die Aufmerksamkeit nach innen richten und nicht weiter im Außen suchen. Sie haben ja gerade etwas bekommen – Energie, eine Antwort, ein inneres Bild –, so nutzen Sie bitte diese Kraft.«*

Dein Gegenüber wird ein bisschen pikiert sein, aber es ist wichtig, ihm begreiflich zu machen, dass er noch immer außen sucht, statt zu nehmen, was innen bereits angekommen ist.

Das, was mit energieraubenden Fragen zumeist gesucht wird, sind Aufmerksamkeit, Bestätigung und Liebe für das innere Kind. Wenn du das weißt, dann kannst du voller Mitgefühl und Klarheit reagieren, dann weißt du aber auch, wie wichtig es ist, die Gruppe vor dem bedürftigen inneren Kind eines Einzelnen zu schützen.

Damit sich deine Hörer sicher fühlen, ist es außerdem notwendig, falls du nach den Übungen und Meditationen Fragen zulässt, dass jeder bei sich bleibt. Gerade wenn du öfter Gruppen gibst, wirst du einige Hörer haben, die sich selbst mit Meditationen beschäftigen, als Seminarleiter oder Therapeuten arbeiten und deshalb nicht nur annehmen, sondern mitdenken. Mitdenken ist natürlich wundervoll und erwünscht, aber nur für sich selbst, nicht für andere.

In den Zwölf-Schritte-Selbsthilfegruppen habe ich eine großartige schamanische Technik kennengelernt und erfahren: die Rederunden, das heißt, jeder spricht nur für sich. Es gibt keine Zwiegespräche. Jeder bleibt bei sich, fühlt sich, gibt kein unerwünschtes, ungefragtes Feedback. Das halte ich in meinen Gruppen auch so. Ich sage zu Beginn meistens:

»Jeder bleibt bei sich und spürt sich«,

als Angebot, aber auch als Aufforderung. Die Einzigen, die für andere arbeiten, sind wir, die Seminarleiter, alle anderen nehmen nur sich selbst wahr. Wenn jemand in Versuchung gerät, für einen anderen zu sprechen, ihm Tipps zu geben, Vorschläge zu machen und somit mit seiner Aufmerksamkeit nicht bei sich ist, sondern anderen dienen möchte, dann hole ich ihn mit diesem Satz zu sich selbst zurück. Ich unterbreche ihn, selbst wenn das sehr unhöflich ist. Es ist noch viel unhöflicher, dem Rest der Gruppe Zeit und Lebensenergie zu rauben.

Es geht immer wieder darum, den Raum zu schützen, vergiss das bitte nicht. Dafür gibt es zwei Gründe: Diese Gruppen dienen zum einen dazu, sich selbst zu spüren und zu lernen, die sonst meistens weit ausgefahrenen Antennen einmal bewusst auf das eigene Erleben zu richten. Und zum anderen kann ich nicht sicher sein, ob das, was als Kommentar abgegeben wird, auch wirklich stimmt, voller Liebe ist und dient. Wie oft habe ich erlebt, dass gewertet wird, geurteilt, dass jemand mit unerwünschten Ratschlägen um sich wirft, die letztlich nicht hilfreich sind und demjenigen, der sie bekommt, eher schaden. Wie oft habe ich es selbst erfahren, in einer Gruppe, die ich besuchte, in eine Ecke gedrängt zu werden, während ich mich mühte, darauf zu reagieren. Statt mich gegen allzu eifrige selbsternannte Co-Therapeuten zu verteidigen, saß der Gruppenleiter relativ hilflos dabei, hielt das Ganze vielleicht gar noch für hilfreich. Ich habe es bestimmt auch deshalb selbst so erlebt, damit ich sehr aufmerksam werde und es auf keinen Fall in meinen eigenen Gruppen erlaube.

Einen sicheren Raum zu haben bedeutet auch, zu wissen: Ich werde nicht bewertet, ich erhalte keinen Kommentar, ich muss nicht antworten, ich kann ganz und gar bei mir sein, ich werde nicht angesprochen, und ich muss nicht reagieren. So bitte deine Hörer, wenn dir dieser Hinweis dienlich erscheint, um Folgendes:

> *»Nach der Gruppe kann selbstverständlich jeder das machen, was er will. Aber hier, in diesem Raum, bin ich verantwortlich für die Energie. Überlasse mir bitte die Gruppe, entspanne dich, kümmere dich heute einmal nur um dich selbst.«*

Das ist schon deshalb wichtig, weil du die Kontrolle und die Verantwortung für die Energie des Raumes hast. Wenn du erlaubst, dass andere ihre Ratschläge, seien sie auch noch so gut gemeint, mit einbringen, lässt du dir die Energie, den Raum, aus den Händen nehmen, und dann kannst du nicht mehr für seine Sicherheit und Stabilität sorgen. Das ist Kontrolle, und das darf es auch sein. Das gehört zu deinen Aufgaben, wenn du Seminare gibst.

Wenn jemand eine Frage stellt, die du nicht beantworten kannst, dann kannst du selbstverständlich fragen, ob jemand in der Gruppe etwas dazu sagen kann und will. Aber DU entscheidest, wann das geschieht. Es ist wirklich wichtig, dass du führst, auch wenn es dir selbst vielleicht gar nicht gefällt. Eine Gruppe zu leiten bedeutet genau das: sie zu leiten und die Verantwortung voll und ganz zu übernehmen, dir nicht die Führung aus der Hand nehmen zu lassen; denn du bist an die Energie angeschlossen, die sich hier und heute zeigen und wirksam sein möchte.

So bereite ich mich auf Seminare vor

Bevor ich eine Gruppe gebe, verbinde ich mich ganz bewusst mit meinem eigenen Engelsein. Ich stelle mir vor, wie sich meine Flügel ausbreiten, wie Engelenergie in mich einströmt und wie ich zu einer großen Lichtsäule werde. Engelenergie deshalb, weil das die mir vertraute Kraft ist. Wenn du dich anderen Kräften zugehörig fühlst, dann bitte selbstverständlich diese – es geht um deine persönliche spirituelle Energie, um dein höchstes Selbst, was immer das ist. Dazu biete ich dir im Anschluss eine Meditation an. Mike hingegen verbindet sich mit der Drachenkraft, die ihm zu eigen ist.

Wir bitten Mutter Erde, uns zu führen und mit ihrer einzigartigen Kraft anwesend zu sein. Dann stellen wir uns gegenüber, umarmen uns und bitten darum, dass sich unsere Energien zum Wohle der Gruppe auf ideale Weise synchronisieren, das heißt, dass sie so zusammenfließen, wie es für diese Gruppe, die nun kommt, passend und heilsam ist. Das fühlt sich jedes Mal anders an. Nach dem Seminar trennen wir die Energien wieder, damit jeder seinen eigenen spirituellen Weg weitergehen kann.

Ich meditiere und reinige mich, bitte alle meine geistigen Führer und Lehrer, anwesend zu sein und mich zu führen. Ich bitte außerdem darum, im Dienst des Lichtes zu stehen und angebunden zu sein an die göttliche Führung. Meine nächste Bitte richtet sich darauf, meinen Seminarteilnehmern zu dienen und genau das zu sagen, was sie in diesem Moment brauchen, auch wenn ich es selbst noch nicht weiß. Und ich bitte darum, dass die göttliche Weisheit den Raum nutzt, den ich anbiete. So öffnet sich ein Energiefeld, in dem diese göttliche Kraft und Ordnung ganz frei wirken kann, ähnlich wie in einem Gottesdienst.

Dann bereiten wir den Raum vor.

Früher habe ich ihn immer selbst geschmückt und ihn vorher gereinigt, indem ich mir eine riesige Lichtsäule vorstellte, die ihn ausfüllte und in der alles, was alt, schwer und verbraucht war, aufsteigen konnte. Ich räucherte entweder oder versprühte Engel- oder Meisteressenzen, gestaltete einen kleinen Altar – meistens in der Mitte des Meditationskreises, mit Kerzen, Tüchern, Blumen und Engeln oder was eben zum Thema passte –, bat die entsprechenden geistigen Kräfte herbei und erhöhte so ganz langsam die Energie im Raum.

Heute betreten wir meistens bereits vorbereitete Räume. Das ist ein Geschenk und eine Aufgabe zugleich: Wenn dir jemand den Raum vorbereitet, ist es umso wichtiger, zu spüren, ob er in deinem Sinne rein und klar ist. Letztlich aber bist du selbst der Kanal für die Energie; deshalb spielt es keine so große Rolle, wer den Raum geschmückt hat. Die Energie hältst in jedem Fall du; so nimm bitte diese Aufgabe ernst.

Oft nehme ich eine schamanische Trommel und gehe trommelnd dreimal im Uhrzeigersinn im Kreis herum, rufe all die Energien, die von mir gerufen werden wollen, und stabilisiere den Raum gleichzeitig. Manchmal tun das Mike und ich zusammen, damit die weibliche und die männliche Kraft gleichermaßen anwesend sind. Wenn du eine schamanische Trommel besitzt (was ich dir sehr ans Herz legen möchte, denn mit der Trommel kannst du sowohl deine Klienten als auch dich äußerst wirkungsvoll erden und reinigen), dann wird sie dich führen und dir zeigen, in welche Richtung du gehen solltest und welche Kräfte gerufen werden wollen, außerdem reinigst du mit der Trommel den Raum schnell und intensiv.

Mike legt immer ein Medizinrad, und es ist erstaunlich, wie sehr das sofort erdet. Dann macht er seine Anrufungen und schützt auch die Tür mit Wächtersteinen. Dann trommeln wir oder auch nur er, um anzukommen, um uns mit Energie aufzuladen und uns zu reinigen.

Du erhöhst die Energie, indem du alles Schwere hinausbittest, indem du selbst immer ruhiger wirst, dich konzentrierst und deine Energie im Raum ausbreitest. Dazu hier die versprochene Meditation, die du so oder in deinen eigenen Worten zu Beginn jeder Gruppen- oder Einzelsitzung nutzen kannst.

» MEDITATION ZUR ENERGETISCHEN VORBEREITUNG

Mache es dir ganz bequem, schließe deine Augen, lass dich in dich selbst hineinfallen, atme ein paar Mal tief durch, lass los ... entspanne dich ...

Stelle dir bitte eine Lichtsäule vor, tritt hinein, lass dich durchströmen von klarem, reinem Licht, von einer stabilen hohen Frequenz der Klarheit, der Liebe und der Zuversicht.

Alles, was schwer ist, steigt in dieser Lichtsäule nach oben auf. Du fühlst dich freier und lichter, wirst gereinigt und von kraftvoller Leichtigkeit durchströmt. Nun erweitert sich diese Lichtsäule, wird breiter und größer, und ein sehr heller Engel beginnt, zu dir herabzuschweben. Die Lichtsäule erweitert sich immer mehr und wird zu einem sehr lichtvollen Raum, einem Raum, in dem du nun noch weitere Engel erkennst oder spürst. Es ist, als versammle sich deine ganze Engelfamilie. Sofort beginnt diese Energie, dich zu durchströmen. Sie verändert dich von Grund auf und durchflutet dich mit entspannter und heilender Kraft. Nun bietet dir der Engel an, in sein Energiefeld zu treten. Er öffnet sich, und du trittst in ihn ein wie in eine Lichtsäule, stehst nun mitten im Energiefeld dieses hohen Engels. Dein Bewusstsein öffnet sich; du beginnst, wie ein Engel zu fühlen, zu spüren und zu denken. Du bist durchströmt von reiner Engelkraft, dein Bewusstsein erweitert sich, öffnet sich, und du wirst immer mehr zu dem Engel, der du in Wahrheit vielleicht sowieso bist. Jene Gehirnareale, die dafür zuständig sind, öffnen sich, werden aktiviert, erwachen, und du spürst vielleicht einen Druck im Kopf. Das macht aber nichts, lass es einfach zu.

Dein Bewusstsein öffnet sich immer weiter, dein Körper reagiert, und du verschmilzt immer mehr mit diesem Engel, so sehr, dass du gar nicht mehr unterscheiden kannst, was du und was der Engel ist. Und nun kommt dir der Gedanke, dass du vielleicht gar dieser Engel bist, dass er ein Teil deiner eigenen Energie ist. Du glaubst es vielleicht noch nicht, aber es fühlt sich richtig an. Möglicherweise spürst du, dass du Flügel bekommst. Stelle sie dir vor, und schaue, ob das Bild stabil bleibt. Wenn es stabil bleibt und sich gut anfühlt, dann gehe davon aus, dass diese Flügel zu dir gehören.

Von nun an kannst du direkte Informationen erhalten. Du kannst dem vertrauen, was du spürst, und weißt, deine innere Stimme wird dich führen und leiten.

Bitte nun ganz bewusst um Führung, und bitte die hohen geistigen Wesen in den Raum, die für heute anwesend sein wollen. Stelle dir vor, wie sich deine Flügel um die Gruppe der Menschen legen, die du leiten willst, und bitte um einen geschützten Raum. Mike und ich bitten immer ganz ausdrücklich darum, zu erkennen, wenn sich dunkle Energien einschleichen wollen. Wenn dir das sinnvoll erscheint, dann tue das auch. Bitte Erzengel Michael, mit seinem Schwert der Klarheit dafür zu sorgen, dass der Raum rein und hell bleibt.

Stelle dir nun vor, wie sich die Lichtsäule, der lichtvolle Raum, in dem du stehst, ausweitet und den ganzen äußeren Raum erfüllt und umfasst. Alles, was in diesem Raum schwer ist, wird auf der Stelle aufgelöst oder transformiert, selbst wenn du es bewusst gar nicht erlebst. Lass die Engel sorgen; du brauchst nicht alles allein zu machen.

Heiße nun die Schutzengel und geistigen Führer und Lehrer deiner Gruppe willkommen. Denn auch wenn deine Teilnehmer noch nicht physisch anwesend sind, so sind ihre Schutzengel und die geistigen Lehrer sicherlich bereits da oder auf dem Weg zu dir. Heiße sie willkommen, und bitte sie ausdrücklich, dich zu führen und zu leiten. Ohne deine Erlaubnis dürfen sie das nicht. Indem du darum bittest, öffnen sich deine entsprechenden Chakren, und du empfängst ihre Botschaften.

Wenn es eine geistige Kraft deines Vertrauens gibt, Jesus Christus, Buddha, Mutter Maria, Gaia, also Mutter Erde, einen Sonnengott, die große Göttin oder wem auch immer du dich zugehörig fühlst, dann bitte auch diese in den Raum – und lass dich nun nicht mehr aus der Ruhe bringen und ablenken. Zünde ihnen symbolisch eine Kerze an, und bleibe in dieser Energie. Bitte entsprechende Torwächter, den Raum zu schützen und zu halten und dich darauf aufmerksam zu machen, wenn es etwas zu tun gibt, wenn du bewusst eingreifen solltest.

Komme, während du in diesem hohen energetischen Raum bleibst, gleichzeitig zurück in das Zimmer, in dem du dich befindest, nimm deinen Körper wieder wahr, öffne deine Augen, bleibe aber innerlich zugleich in der Energie dieser Lichtsäule.

Lege das Medizinrad dazu, trommle die Energien hinaus und herbei, dann bist du bestens gerüstet.

Je sicherer und stabiler die Energie im Raum ist, desto leichter entspannen sich deine Hörer, und umso stimmiger und intensiver sind ihre Erfahrungen.

Wenn du mit Engeln nichts anfangen kannst, dann schreibe dir diese Meditation um. Du kannst dich natürlich auch mit Naturgeistern oder deiner geistigen Heimat verbinden.

Wenn du dein Seminar gibst, dann dehne dich innerhalb der Lichtsäule aus, und schütze mit dieser Kraft die Gruppe. Probiere es in Gedanken einmal aus. Du wirst dich sicher wundern, wie stabil sich das anfühlt!

Wenn du dennoch merkst, dass sich dunkle, niedrig schwingende Astralwesen einschleichen, dann nutze deine Ermächtigung. Du bist, wie eine Art Hohepriester, angeschlossen an ein Energiefeld von heilender, liebender und transformierender Kraft. Rufe Erzengel Michael, und bitte ihn um Reinigung. Auch hier hilft wieder besonders das Trommeln, denn die Trommel verbindet dich mit den heilenden Kräften der gesamten Menschheit und ruft die Selbstheilungskräfte. Auch Klangschalen, Räuchern und achtsames Feuer klären den Raum – finde deine für dich ideale Weise, mit der du dich sicher fühlst, und nutze sie.

Gleichermaßen ist es wichtig, dass du selbst in möglichst hoher, reiner Energie lebst, also den Tanz mit dem Teufel der Süchte, der Co-Abhängigkeit und der Angst nach und nach aufgibst. Sonst bringst du die dunkle Energie noch selbst mit in den Raum! Je ausdrücklicher du auch die Kräfte der Erde rufst, desto sicherer ist dein Raum.

Du kannst, wenn du schwere, dunkle Energien spürst, folgenden oder einen ähnlichen Satz nutzen:

»Dies ist mein Raum, dies ist meine Energie. Ich bin hier verantwortlich. So verschwinde, und gehe ins Licht oder dahin, woher du gekommen bist. Dieser Raum steht dir nicht zur Verfügung.«

Wenn du Zeit dazu hast und geübt bist, dann kannst du sie auch transformieren und ins Licht bitten. Es hilft immer, ein Krafttier für den Raum und für das Seminar zu rufen.

Verstehst du, du musst nicht alles allein machen, die geistigen Kräfte sind auf deiner Seite und unterstützen dich, wenn du sie rufst.

Wie spürst du überhaupt, ob dunkle Energien da sind? Am besten bittest du darum, dass dir deine innere Stimme jetzt, ja, genau jetzt, ein Zeichen gibt, an dem du sie erkennst. Ich spüre Druck im Bauch und Schwere im Herzen. Wenn ich Meditationen führe, dann bin ich so sehr an die herrschenden Energien angeschlossen, dass ich es förmlich sehe oder es einfach weiß. Dann sage ich innerlich den oben stehenden Satz, breite meine Flügel aus und fühle meine spirituelle Macht. Manchmal muss ich das sogar laut aussprechen, aber das ist nur sehr selten der Fall. Es kann deine Seminarteilnehmer erschrecken, deshalb tue es still für dich, außer du spürst, dass es richtig und nötig ist, diesen Prozess deutlich zu zeigen.

Auch du bist ein hochspirituelles machtvolles Wesen, und wenn du einen Raum der Heilung erschaffst, dann darfst du diese Macht nicht nur spüren, dann ist es deine Aufgabe, sie auch anzuwenden. Wenn du den Raum in diesem Bewusstsein reinigst und erschaffst, dann kommt es meistens gar nicht so weit. Wenn es dir hilft, dann schreibe ein Schild, auf dem steht:

»Dunkle Energien müssen leider draußen bleiben«,

und stelle es mit auf deinen Altar. Bitte, wie schon weiter oben beschrieben, einen Torwächter in den Raum, und weise ihn an, die hohe Frequenz zu schützen. Damit erklärst du ausdrücklich, dass dein Raum nicht verfügbar ist. Du bist schon allein deshalb stärker, weil du einen Dienst leistest. Dadurch wird dein Raum unweigerlich von hohen Mächten geschützt.

Mike bittet seine Drachen, den Raum zu schützen, und es ist immer wieder faszinierend, wie kraftvoll sie wirken. Außerdem schlägt er die Trommel und ruft Mutter Erde – die Trommel ist eines der kraftvollsten Reinigungswerkzeuge, die wir als Menschen haben.

Ich halte es für wirklich gefährlich, wenn jemand sagt: »Ich bin so rein, ich bin so voller Liebe, ich ziehe keine dunklen Energien an.« Ehrlich gesagt ist es meistens eher so, dass sich hier ein spirituelles Ego austobt (ein sicherer Garant dafür, dass sich die Astralwelt angezogen fühlt, ist spiritueller Hochmut), denn wer wahrhaftig erleuchtet ist – so erlebe ich es bei echten Meistern –, der ist demütig und verneigt sich vor all dem, was ist und sein kann. Gerade sogenannte dunkle Energien wollen gesehen und erlöst werden. Hier eine Meditation, die ich zur Erlösung nutze: *(aus: »Schamanische Phantasiereisen«)*

Verlorene Anteile erlösen – deine magische Kraft

Bitte lies diese Meditation zunächst durch, und spüre, ob du dich sicher genug fühlst, um sie durchzuführen. Wenn dir irgendetwas Angst macht, dann ist es noch nicht der richtige Zeitpunkt, in die Tiefe hinabzusteigen, um dich selbst zu erlösen. Wenn du mit Gruppen arbeitest, sei bitte achtsam, und frage deine eigene höhere Führung, ob die Gruppe diesen Prozess bereits bewältigen kann oder nicht. Wenn wir wieder in Angst fallen, erlösen wir nichts, sondern fügen der Dunkelheit einen weiteren Schatten hinzu. Danke für deine Achtsamkeit.

» MEDITATION

Nachdem du durch dein Tor gegangen bist, bemerkst du in einiger Entfernung eine Treppe, die spiralförmig nach oben führt. Sie erinnert dich vielleicht an die Jakobsleiter, falls du diese kennst, ist von Blumen und zauberhaften Kristallen umkränzt und lädt dich ein, emporzusteigen. Die Treppe glitzert und funkelt, und du fühlst dich wie magisch von ihr angezogen – du gehst darauf zu und beginnst, die Stufen nach oben zu gehen. Das fällt dir sehr leicht, die Treppe lässt sich sehr bequem erklimmen. Die Stufen bestehen aus den schönsten Steinen, Hölzern und Mosaiken – jede Stufe ist anders –, und sie stehen stellvertretend für alle Inkarnationen, die du erlebt hast. Einige Stufen sind ein bisschen höher als andere, doch du kannst sie leicht gehen, denn du bist sie bereits gegangen, du hast all diese Stufen bereits gemeistert. Beim Gehen wirst du immer leichter, und du erlebst dich selbst voller Zuversicht und Selbstvertrauen, denn immer deutlicher wird dir bewusst, du hast all diese Stufen durch deine vielen, vielen Erfahrungen und irdischen Leben bewältigt. Die Stufen werden lichter und heller, führen dich in einer anmutig geschwungenen Spirale immer weiter nach oben. Während du noch immer nach oben steigst, ergeben auf einmal viele deiner Erfahrungen einen Sinn, du erkennst, dass du sie durchleben musstest, um diese Treppe nach oben zu steigen. Du erklimmst noch eine weitere Biegung der Spirale – und bleibst stehen. Denn die nächste Stufe ist dunkel, beinah bedrohlich und sehr hoch. Du bekommst das Gefühl, wenn du auf die nächste Stufe trittst, dann versinkst du in ihr, dann kannst du nicht weitergehen, dann ist dein Weg zu Ende. Und auf einmal spürst du, dass du bereits oft vor dieser Stufe standest und jedes Mal zurückgeschreckt bist.

»Diese Stufe ist dein Meisterstück«, hörst du auf einmal eine Stimme sagen, und du erkennst, dass viele Engel, deine geistigen Führer und Lehrer und dein hohes Selbst anwesend sind. Du weißt vielleicht gar nicht, was sie meinen und was sie von dir wollen, doch etwas in dir beginnt, sich zu erinnern.

»Als du zur Erde kamst«, sagt eine Stimme, es kann die deines Schutzengels sein, »hast du einen Vertrag geschlossen. Du kamst zur Erde, um das Licht und die Dunkelheit zu erleben, um die Dualität zu begreifen, zu fühlen, in all ihren Formen zu erfahren. Dein Bewusstsein hat sich dadurch ausgeformt, du weißt jetzt, wie es sich anfühlt, in der Dualität zu leben, die Trennung vom Licht und von deiner eigenen Seele, von deiner eigenen Ganzheit, zu erfahren. Du bist zur Erde gekommen, um am Ende dein eigenes Licht, das Licht der Bewusstheit, in das Dunkel zu bringen, du bringst nicht nur den Himmel auf die Erde, sondern noch ein Stück tiefer, in deine eigene tiefe Dunkelheit hinein. Es gibt einen sehr hohen Engel, den höchsten, den Lichtbringer. Du kennst ihn, und er wird auf Erden verteufelt. Er ist für dich in die Dunkelheit gegangen. Wie Jesus am Kreuz für euch gestorben ist, so ist der höchste Lichtbringer für die Dualität in die Tiefe gegangen, um den dunklen Pol zu halten und erfahrbar zu machen. Dabei hat er sein eigenes Licht verloren, das geschieht, wenn man in die Tiefe fällt, wenn man seine eigene Frequenz so sehr senkt, dass die Erfahrung von Trennung möglich wird. Ihr müsst eure Frequenz sehr weit senken, um die Erfahrung von Trennung zu erleben, denn sie ist für die Lichtwesen, die ihr seid, nicht vorstellbar. Und weil ihr eure Frequenz so sehr senken musstet, habt ihr vergessen, dass ihr in Wahrheit Licht seid. Das geschieht, und es war abzusehen. Du gehörst zu den

Seelen, die entschieden haben, am Ende mit ihrem eigenen Licht in die Dunkelheit hinabzusteigen, um den Lichtbringer und damit sich selbst zu erlösen – du kannst es auch andersherum begreifen. Indem du deine eigenen dunklen Aspekte erlöst, sie also daran erinnerst, dass sie Licht sind, erlöst du auch den Teil des höchsten Lichtengels, der durch dich in der Tiefe gebunden ist. Dein eigener Wunsch nach Erfahrung mit dem dunklen Pol zum Wohle des ganzen Universums, zum Wohle des göttlichen Bewusstseins, deine eigene Absicht, die Trennung vom Licht zu erfahren, die für uns geistige Wesen wirklich unvorstellbar ist, hat einen Teil der Dunkelheit miterschaffen, und das ist auch richtig so. Gerade weil du die Trennung vom Licht erleben wolltest, damit das Bewusstsein darüber für uns alle zugänglich ist, bist du auch derjenige, der diese Trennung wieder aufheben kann. Es ist ganz einfach: Ihr habt euch verabredet, zum Wohle des Gesamtbewusstseins die Erfahrung von Trennung zu machen, von Abspaltung, von Angst und von magischer Bindung. Und weil es so wichtig war, diese Erfahrungen zu machen, weil es so ein immenser Energieaufwand ist, die Trennung aufrechtzuerhalten, habt ihr euch sehr viele energetische Anker ins Licht erschaffen. Diese Stufe erinnert dich daran, dass du nun einen wesentlichen Anker gebrauchen darfst, kannst und auch sollst – hier und heute erlöst du dich selbst und damit den Teil von Luzifer, dem höchsten Lichtbringer, der für dich in die Tiefe hinabgestiegen ist.«

Auf einmal, noch während du zuhörst, erhältst du einen Kristall, ein Symbol, das dein eigenes Licht, dein Bewusstsein, in seiner höchsten Form verkörpert.

»Dies ist dein Anker, du hast ihn selbst während deiner langen Zeit auf der Erde erschaffen. Er enthält alles, was du weißt, dein spirituelles Bewusstsein durch alle Inkarnationen hinweg. Du brauchst diesen von dir selbst erschaffenen Anker, damit du deine eigene Dunkelheit erlösen kannst. Wir, die wir nicht inkarniert waren, können dir das Licht halten, aber nur du kannst mit dem Licht in die Dunkelheit hinabsteigen, denn nur du hast das entsprechende Bewusstsein, nur du bist Licht und Schatten zugleich.«

Du nimmst den Kristall oder das Symbol, und auf einmal spürst du, du bist bereit, die dunkle Stufe zu betreten. Du trittst auf die dunkle Stufe – und ein Schacht öffnet sich. Wie in einer Lichtsäule schwebst du hinab, tiefer und tiefer, du hältst das Licht deines Bewusstseins fest im Herzen, im Körper oder in den Händen. Tiefer und tiefer sinkst du hinab, tiefer, als du jemals bewusst gereist bist. Unbewusst warst du allerdings schon oft an diesem Ort, und du erinnerst dich an deine eigenen dunkelsten Stunden der Verzweiflung, der Einsamkeit, der Trennung und des Schmerzes. Du erinnerst dich daran, wie es ist, sich vollkommen von allem getrennt zu fühlen, und du hältst dein Licht, während du immer tiefer sinkst.

Auf einmal scheinst du irgendwo anzukommen, du nimmst vielleicht Schatten wahr, Gestalten, ein Feuer, eine Art dunkler Höhle. Vielleicht fühlst du eine Art zäher Dunkelheit, magischer Verklebung. Du hältst dein Licht, der Kristall schimmert und funkelt in allen Farben, und du weißt noch immer ganz genau, du bist Licht, du bist ein geistiges Wesen, du weißt es mit jeder Zelle. WEIL du es weißt, kannst du die Dunkelheit erlösen – und auf einmal erkennst du dich selbst. Auf einmal erkennst du, es gibt Aspekte von dir, die hier gefangen sind, verklebt, angebunden, in sich selbst zurückgezogen. Gehe hin zu diesen Aspekten, und halte dein Licht. Du hast die Kraft, in deinem Licht zu bleiben, du bleibst in einem lichtvollen Bewusstsein, erkennst die Schatten, bleibst aber in deinem Licht, weißt nach wie vor, dass du ein Lichtwesen bist. Und nun bringe den Kristall oder das Symbol so nah wie möglich zu den Wesen, die hier gebunden sind. Binde sie los, nimm sie in dein Herz, das bist du, und weil du dein Licht hältst, während du dich anschaust, kannst du dich erlösen. Es kann sich sehr schwer anfühlen, aber das darf sein, es ist auch schwer. Doch du kannst das halten, du bist geübt, Licht und Schatten zugleich in dir zu verkörpern.

Nun erscheint ein dunkler Engel, vielleicht nimmst du ihn gar als eine Art Teufelsfratze wahr – du bleibst in deinem Licht. Du kannst das, du hast es über Inkarnationen hinweg geübt. »Zeig dich in deinem Licht, ich bin gekommen, um dich an dein Licht zu erinnern, wie wir es vereinbart haben«, sagst oder denkst du. Halte der Gestalt den Kristall entgegen, und bleibe innerlich ganz und gar klar in dem Bewusstsein, dass auch und gerade diese womöglich Furcht einflößende Gestalt Licht ist. Es ist der Lichtbringer, der in seiner erlösten Gestalt der höchste Engel Gottes ist, und er hat es vergessen. Du weißt sehr genau, wie schmerzlich das ist. So verneige dich vor ihm, und sag ihm: »Ich sehe deinen Schmerz, du hast vergessen, wer du bist, und ich bin gekommen, um dich nach Hause zu holen.« Und nun nimm auch dieses Wesen in dein Herz, du kannst das, dein Herz ist groß und lichtvoll genug.

Während du nun langsam mit all deiner Last im Herzen in der Lichtsäule aufsteigst, hinaufgezogen wirst, wird dir etwas Wesentliches klar: Du heilst das Dunkle durch dein Mitgefühl. All die Erfahrungen, die du durchlebt und auch durchlitten hast, haben dich Mitgefühl gelehrt. Mitgefühl ist in der geistigen Welt nicht besonders verbreitet, denn die geistige Welt kennt die Erfahrungen der Erde nicht. Aber du, der Mensch, der du bist, du kannst mitfühlen, du weißt, wie es ist, dich zutiefst einsam und getrennt von allem zu fühlen, und du weißt, zu welchen Mitteln du greifst, um diesen Schmerz zu betäuben. Weil du das weißt, kannst du mit dem Dunkel in deinem Herzen immer weiter aufsteigen, du bringst dich selbst in deinem Herzen ins Licht.

Auf einmal stehst du wieder auf deiner Stufe, sie ist fest und sicher, lichtvoller als alle anderen, sie besteht nur noch aus Licht. Du atmest aus und atmest die Dunkelheit in deinem Herzen ins Licht – und nun steht er vor dir, der höchste Lichtbringer in seiner erlösten Gestalt. Er verneigt sich vor dir und dankt dir dafür, dass du ihn und dich zugleich erlöst hast, du weißt natürlich, du kannst nur deine eigenen Aspekte erlösen, aber das ist bereits sehr viel.
Die Treppe hat sich aufgelöst, sie ist zu reinem Licht geworden, und du schwebst, steigst oder fliegst in aller Leichtigkeit empor. Deine dunklen Aspekte sind nun erlöst und befreit, zumindest der Teil, den du heute erlösen konntest. Es kann sein, dass du dich noch einige Male in die Dunkelheit hinabbegeben musst, weil du spürst, da hängt noch etwas, doch der Prozess wird immer leichter, dir immer vertrauter.

Ganz leicht schwebst du nun wieder zur Erde, bleibst aber gleichzeitig im Licht, denn dein Bewusstsein kann nun all deine Aspekte gleichzeitig erfassen und halten. Du bist ein Mensch und ein Lichtwesen, Materie und Geist, Liebe, Licht und Schatten zugleich, und genau darum ging es, als du zur Erde kamst – zu erfahren, dass du all das sein kannst und dennoch fest und stabil in deinem lichtvollen Bewusstsein verankert bist.

Reicht dir diese Meditation nicht, dann suche dir einen Schamanen, und lass dir eine Reise geben, oder finde eine andere, für dich stimmige Art der Hilfe. Als Lehrer, Therapeut und Seminarleiter ist es sowieso wichtig, dass du einen wie auch immer gearteten Heiler deines Vertrauens hast, der für dich da ist.
So weit, so gut. Was aber machst du, wenn es dir selbst nicht gut geht? Auch Seminarleiter durchlaufen teilweise äußerst schmerzhafte Prozesse. Nur, weil du diese Art von Arbeit machst, bist du nicht sicher vor Schmerzen; sie gehören zu unser aller Transformationsweg. Im Gegenteil: Du stellst dich deinen Schatten erst recht und sehr bewusst.

Wie also kannst du an Tagen, an denen es dir das Herz zerreißt, an denen du selbst keinen Sinn erkennen kannst, am liebsten im Bett bleiben oder mit einem Kuscheltier in der Ecke sitzen würdest, anderen Menschen Kraft, Hoffnung, Trost und Licht zur Verfügung stellen? Nun, ich kann es nicht. Aber zum Glück wirkt bei dieser Art von Arbeit nicht mein »Ich«. Gerade wenn ich selbst zerschlagen am Boden liege, hilft es mir, all diese Techniken zu kennen. Nicht, um meinen eigenen Schmerz zu heilen, das funktioniert nicht. Wenn ich mich selbst wie durch den Fleischwolf gedreht fühle, brauche ich wie jeder andere auch Hilfe und Unterstützung. Du brauchst nicht erleuchtet zu sein, um anderen den Weg zu weisen. Du musst nur wissen, wie man eine Fackel hält, und den Weg kennen. Und das kannst du auch an Tagen, an denen du selbst nicht mehr weißt, wohin dein eigener Weg führt.

Oft werde ich gefragt, wie es denn sein kann – bei dem, was ich weiß, und bei der Art von Arbeit, die ich mache –, dass ich selbst noch immer ungelöste Themen habe. Diejenigen, die das fragen, verwechseln die Ebenen. Natürlich bin ich als menschliches Wesen mitten im Geschehen. Aber gleichzeitig habe ich gelernt, mich neben mich zu stellen. Ich kenne den reinen, klaren Kanal, und ich weiß, wie ich ihn halten kann – zumindest für eine gewisse Zeit und bis zu einem gewissen Punkt. Ich kann, auch während ich in einem eigenen Prozess bin, als Seminarleiter fungieren – was nicht heißt, dass das meinen Prozess leichter macht. Es ist ein anderes Energiefeld. Es ist auch nichts Besonderes. Jeder muss schließlich weitermachen, wenn er einen Beruf ausübt, egal, wie es ihm geht. Es ist schlichtweg professionell. Eine Lehrerin, die vor einer Klasse steht und die Kinder unterrichtet, während ihr der Streit mit ihrem Mann das Herz zerreißt, tut nichts anderes. Selbstverständlich ist die Energie höher, wenn du glücklich verliebt, im Reinen mit Gott und der Welt oder einfach nur innerlich stabil und frei bist. Aber du bist auf der Erde, du bist ein Mensch, und nur deshalb kannst du auch andere Menschen wahrhaft berühren. Wenn du dich also mitten im Prozess fühlst, wenn du müde bist, zerschlagen, und dennoch deine Gruppe geben willst oder auch musst, dann bitte um Hilfe. Tritt innerlich beiseite, und verlasse dich darauf, dass die Energien, die durch dich wirken wollen, dies unbeeinträchtigt von deinem persönlichen Zustand tun.

Heißt das, es ist egal, wie man drauf ist? Reicht es, einfach Licht durch sich hindurchströmen zu lassen, zu singen oder zu trommeln? Natürlich nicht. Es ist deine heilige Aufgabe, so rein wie möglich zu sein, dafür zu sorgen, dass deine Kanäle lichtvoll und gesund werden. Du wirst abstinent von süchtigem Verhalten, weil es deine Energiebahnen blockiert, du erkennst immer mehr, wo du selbst verhaftet bist, und bittest um Erlösung. Und du tust natürlich alles, um energieraubende Situationen zu verlassen, und lebst so gesund und bewusst wie möglich. Du kannst nur so viel Energie halten, die Schwingung nur so weit erhöhen, wie es deiner eigenen Frequenz möglich ist. Je größer der Raum ist, den du halten willst, desto bewusster und gesünder musst du selbst leben, weil deine Energie sonst nicht kraftvoll fließen kann – was immer »gesund leben« auch heißt, lass uns hier keine Dogmen verbreiten.

Ein paar Regeln aber gibt es doch:

> › Enthalte dich emotionalem Junkfood wie Dramatisieren, Jammern, Klagen oder was immer dich runterzieht.
> › Nimm so wenig wie möglich Gift in dich auf, weder mit der Atmung noch mit der Nahrung oder Kleidung.
> › Verlasse ungesunde Situationen. Auch sie zu verändern bedeutet zunächst, sie zu verlassen.
> › Verursache so wenig Schaden wie möglich, materiell, emotional, mental.

› Werde dir deiner Süchte bewusst, und enthalte dich.
› Handle als Erwachsener, der sein inneres Kind gut versorgt und hütet, nicht aus dem inneren, unbewussten und verletzten Kind heraus.
› Überprüfe immer wieder, ob du noch wild und frei mit dem Leben tanzt oder ob du es dir zu bequem gemacht hast.
› Reinige dich und deine Umgebung regelmäßig emotional, mental und natürlich körperlich.
› Suche dir Hilfe, wenn du allein nicht klarkommst, das ist ein Zeichen von Reife und Selbstliebe!
› Ruhe dich aus, wenn du Ruhe brauchst.
› Sei dir selbst gegenüber aufrichtig, und handle aus allerbestem Wissen und Gewissen, weder aus Angst noch aus Vermeidung.

Das heißt nicht, dass du dich in jedem Moment lebendig und leicht fühlst – es muss dir aber möglich sein. Verstehst du den Unterschied? Du singst im Moment vielleicht tiefe, melancholische Töne, aber du kannst auch die hohen Stimmlagen halten und singen. Wenn du es erlaubst, sind deine Engel oder geistigen Führer und Lehrer in der Lage, diesen Raum dennoch zu nutzen. Kannst du es selbst nicht, dann steht dieser Raum nicht zur Verfügung; dann ist er gar nicht da.

Es ist also ein immenser Unterschied, ob meine Lebensweise schwer und verhaftet ist oder ob ich innerlich gerade durch die Bewusstseinsarbeit selbst immer wieder in Prozesse gerate, die meine Energie auf die Dauer aber erhöhen, weil die Schwere nach und nach weicht. Wenn du seriöse Seminare geben willst, ist es unerlässlich, dass du alles tust, um deine eigene Energie so klar wie möglich werden zu lassen. Auf diesem Weg begegnen dir deine Schatten, und die gilt es, zu erlösen – gerade weil deine Seele deinen Auftrag, dich als Bewusstseins-Lehrer zu nutzen, ernst nimmt! Während der Erlösung dieser Schatten siehst du nicht immer gut aus, aber das brauchst du auch nicht. Es ist eine heilige Aufgabe, die Fackel, die du für andere trägst, erst recht für dich zu halten. Du wirst immer besser, du kannst immer mehr Licht halten und für andere ein sicherer Bergführer werden, wenn du deine eigenen Schattenseiten kennst und immer wieder zur Erlösung freigibst. So lähme dich nicht selbst, du brauchst nicht perfekt und innerlich vollkommen erlöst zu sein, um Seminare zu führen. Ein gewisses Maß an Klarheit genügt. Außerdem sei sicher: Du wirst sowieso jene Menschen anziehen, die genau das brauchen, was du heute zu geben hast. Je weiter du aber auf deinem Weg voranschreitest, desto deutlicher wirst du aufgefordert, auch jene Bereiche zu klären, in denen du dich selbst verhaftet hast, dich festklammerst, unfrei bist. Jene Bereiche also, die auch in dir selbst unbewusst sind. So stelle dich mutig deinen eigenen Schatten, gehe hindurch, und lass sie nach und nach hinter dir. Das genügt vollkommen.

Noch einmal: Warum solltest du dich selbst klären? Weil du sonst nie sicher sein kannst, ob du nicht mit deiner eigenen Energie andere benutzt, verschmutzt oder missbrauchst. Unterschätze nicht die Klugheit deiner Süchte, deiner Vermeidungen und deiner Angst. Sie lernen mit. Jede Technik, jedes Wissen, jedes kluge Argument, das du dir aneignest, kann und wird, wenn du dich selbst nicht gut hütest, von der Angst und der Bequemlichkeit gegen deine Klarheit verwendet. Je schlauer du wirst, desto schlauer werden auch deine Süchte und Vermeidungsstrategien. Und nicht nur das: Sie sind meistens auch schneller als dein Verstand, denn sie werden von der Amygdala, dem emotionalen Zentrum deines Gehirns, regiert. Dieses emotionale Zentrum reagiert weitaus schneller als dein Verstand oder dein Bewusstsein, und es ist Meister darin, dir die Dinge zurechtzubiegen, um dich in vermeintlicher Sicherheit zu halten.

So lerne dich selbst bewusst kennen, und – das ist das Wichtigste – übe dich in bedingungsloser, schonungsloser Aufrichtigkeit. Das ist die Voraussetzung für Selbstverantwortung in jeder Hinsicht.

Wie ich eine Gruppe halte

Du weißt, dass ich dir hier nur einen einzigen Aspekt anbiete, nämlich meinen, den du nehmen kannst oder auch nicht. Vielleicht dient es dir, um einfach einmal zu beginnen. Natürlich findest du deinen eigenen Weg oder hast ihn schon gefunden. Ich will dir Mut machen, anzufangen.

Auch eine Seminargruppe folgt, wie alles, dem Gesetz der Resonanz. So gehe bitte davon aus, dass du genau die Leute anziehst, die brauchen, was du zu geben hast. Menschen, die psychische Störungen, psychische oder neurologische Erkrankungen haben, solltest du dennoch oder gerade deshalb auf keinen Fall in deine Gruppe aufnehmen, außer du kennst dich wirklich gut in diesem Bereich aus, bist medizinisch ausgebildet und kannst sie auffangen. Wenn du mit Energien arbeitest, allen voran mit der Trommel, dann reagiert der Körper. Sogar die Gehirnströme verändern sich. Du kannst nicht wissen, wie deine Klienten auf die Übungen ansprechen. Wenn du also keine Ausbildung hast, nicht in einem geschützten Rahmen wie zum Beispiel einer neurologischen Klinik oder einer Psychiatrie arbeitest und dort deine Gruppen auf ärztliche Anweisung anbietest, lass die Finger davon.

Ich bin ausgebildete Physiotherapeutin und habe mehr als zwanzig Jahre lang Patienten betreut, viele Jahre auch in der Neurologie und Psychiatrie gearbeitet. Aber ich traue mir außerhalb einer Klinik dennoch nicht zu, neurologisch oder psychiatrisch auffällige Klienten mit in meine Gruppen zu nehmen. Das soll dich nicht lähmen, dir aber deine Verantwortung bewusst machen. Du musst dir deiner Verantwortung bewusst sein, gerade weil schamanische und spirituelle Bewusstseinsarbeit so wirkungsvoll ist. Du veränderst tatsächlich etwas; das löst eventuell Nebenwirkungen aus. Auch die geistigen Kräfte können nicht mehr helfen, wenn du die physischen Gegebenheiten vernachlässigst und ignorierst. Nimm das bitte ernst, ich erlebe immer wieder, dass auch erfahrene Seminarleiter und Therapeuten nicht unterscheiden können, bei welchen Menschen ihre Anwendungen und Techniken passend und wo sie kontraindiziert sind. Psychische Störungen brauchen zunächst eine ärztliche Behandlung, Punkt. Ist der Patient (in diesem Fall ist es ein Patient, kein Klient) stabil und kann sich selbst gut halten, dann kannst du vorsichtig und nach sorgfältiger Absprache mit ihm arbeiten, aber überprüfe immer wieder, ob er in der Lage ist, selbstverantwortlich zu handeln.

Streiche es raus, wenn es dir nicht passt. Es ist meine Verantwortung, das zu schreiben, und ich meine es auch so.

Wenn du beginnst, zum Beispiel Meditationsgruppen anzubieten, dann bitte zunächst einige dir vertraute Menschen zusammen, und übe mit ihnen. Schreibe deine Meditationen und deine Übungen auf, wenn du dich dann sicherer fühlst, und lies sie langsam vor. Auch das richtige Betonen lernst du, indem du deine Texte laut vorliest. Am besten – wenn du dich traust –, indem du sie aufnimmst und sie dir erneut anhörst. Dann kannst du auch gleich testen, wie viel Zeit sie in Anspruch nehmen.

Ganz zu Beginn ist es zur Übung und zu deiner eigenen Sicherheit sinnvoll, wenn du bereits veröffentlichte Meditationen anbietest. Ich habe lange Zeit solche Texte genutzt und sie beim Sprechen immer mehr erweitert oder verändert.

Welche Art des Seminars auch immer du anbieten willst, beginne klein und in einem für dich sicheren Rahmen, damit du üben kannst. Im Laufe der Zeit bekommst du ein Gefühl dafür, was deine Seminarteilnehmer, besonders aber dich selbst, anspricht und was nicht, vor allem, wenn du nach den Übungen einen Erfahrungsaustausch anbietest.

Ein Beispiel für eine Abendmeditation, geführt oder schamanisch:
Bereite den Raum vor, schmücke ihn, reinige ihn energetisch, lege langsame Musik auf. Höre sie dir bitte vorher an. Sie sollte dir nicht nur gefallen, sondern auch relativ neutral sein; wenn Trommeln oder gregorianische Gesänge darin vorkommen und du willst deine Hörer zum Beispiel in das Engelreich führen, kann das ein bisschen irritieren ... Musik hat eine eigene Energie, also schaue, ob diese zum Seminar passt. Kraftvolle Stücke mit Gesang nutze ich gern in Pausen oder zum Tanzen. Sorge für Sitzgelegenheiten, zünde ein paar Kerzen an. Brunnen schalte besser aus, sie können während einer Meditation sehr störend wirken, so entspannend ihr Plätschern sonst auch sein mag. Fließendes Wasser beeinflusst deine Hörer vielleicht zu sehr, außer wenn du in diesem Raum nur Wassermeditationen geben willst. Und selbst dann kann das Geräusch stören. Sei sorgsam mit Räucherstäbchen, nicht jeder mag sie. Ich nut-

ze lieber ein wenig Energie-Raumspray, aber das ist natürlich Geschmackssache. Mike räuchert den Raum immer vorher aus, damit reinigt er ihn.

Suche dir selbst einen guten Platz, sodass du dich sicher fühlst. Dein Platz ist der wichtigste, denn du hältst die Energie. Lege dir etwas zum Schreiben zurecht, falls dir nach einer Übung selbst ein paar Gedanken oder Erkenntnisse zuteilwerden. Breite deine Texte vor dir aus, stelle dir eine Flasche Wasser oder eine Tasse Tee bereit. Sorge auch für eine Uhr, die du entweder trägst oder gut sehen kannst. Halte deine Gruppen in einem vernünftigen zeitlichen Rahmen.

Wir gestalten den Ablauf so:
Jeder sucht sich einen Platz, packt sein Wasser und sein Schreibzeug aus, richtet sich an seinem Platz ein. Mike ruft die Kräfte in den Raum: die Elemente, die Engel, die Krafttiere, die Ahnen und alle geistigen Führer und Lehrer, außerdem gibt es einige Dank-Anrufungen. Dann folgt eine kurze Gesprächsrunde (in den Selbsthilfegruppen, die ich kenne, heißt das »Go round«). Das bedeutet: Jeder stellt sich mit Namen vor und erzählt kurz, was ihn herführt, wie es ihm geht und was er heute braucht – soweit ihm das bewusst ist. Wenn du möchtest, dann nutze einen Redestab. Du könntest zum Beispiel schönes Wurzelholz, einen geschmückten Zeremonienstab oder eine Muschel verwenden. Der Redestab sollte als Kultgegenstand sorgfältig gehütet und an einem besonderen Platz aufbewahrt werden – je nach Größe zum Beispiel in einem verzierten Beutel oder einem Tuch. Arbeite mit dem,

was für dich stimmig ist. Vielleicht magst du eine Redefeder mitbringen? Du bist selbstverständlich frei, zu tun, was für dich Sinn ergibt, und dem zu folgen, was dich führt. Gib dem ersten Redner also einen Kristall oder einen Holzstab in die Hand, den er weitergibt, wenn er fertig ist.

Die Redestab-Runde ist eine schamanische Technik. Wer den Stab in der Hand hält, bekommt die uneingeschränkte Aufmerksamkeit aller Anwesenden im Kreis. Er spricht (und/oder schweigt) über die wesentlichen Dinge, so lange er will. Die anderen sind Zeugen. Sie analysieren und bewerten nicht, geben keine Ratschläge. (Das erlaube ich in den Gruppen sowieso nie, damit jeder bei sich bleibt.) Gib in deinen Gruppen bitte dennoch einen zeitlichen Rahmen vor, zumindest für dich, damit nicht einige Teilnehmer zu viel Raum einnehmen. Danach gibt derjenige, der gesprochen hat, den Redestab weiter. Das Wesentliche an diesem Ritual ist nicht das Sprechen, sondern das Spüren. Hältst du den Redestab in der Hand, richtest du deine Aufmerksamkeit nach innen, lauschst in dich hinein, nutzt den Raum, um dich selbst wahrzunehmen. Der Rest der Gruppe bleibt in einer inneren Haltung des Zuhörens, gibt den Raum, schenkt dem Redner die volle Aufmerksamkeit. Was geschieht dadurch? Du lernst deine Teilnehmer kennen, und du bekommst ein Gefühl dafür, was deine Gruppe braucht. Halte diese Runde nicht zu lang, und entscheide selbst, ob du etwas zu dem, was deine Teilnehmer erzählen, sagen willst oder nicht. Manchmal kann es sinnvoll sein, in anderen Fällen nicht. Erlaube, dass sich ein Raum der Achtsamkeit und der Ruhe entfaltet. Selbstverständlich redet jeder nur von sich, die anderen hören zu. Bitte denke daran, dass niemand unerbetene Ratschläge erteilt oder erhält. Schütze den Raum.

Ob in der Redezeit Musik läuft oder nicht, entscheide bitte selbst. Ich drehe sie immer sehr leise. Wenn der Stab wieder bei dir angekommen ist, bitte deine Hörer, es sich bequem zu machen und noch einmal zu überprüfen, ob es tatsächlich bequem ist. Sie sollten gut für sich sorgen. Viele Menschen nehmen sich nicht die Zeit, darauf zu achten, dass sie wirklich bequem sitzen: Auch das ist bereits eine Übung. Ich saß einmal in einem Seminar an einer ziemlich kalten Wand und verbrachte den halben Tag damit, mir zu überlegen, ob es wohl egoistisch wäre, um ein zweites Kissen zu bitten oder es mir gar einfach zu nehmen, denn da lag ein Stapel mit Kissen, aber eben nicht zwei für jeden. Den halben Tag! Eine der Frauen stand irgendwann auf und nahm sich einfach eines der Kissen. Da endlich konnte ich das auch tun. Nicht jeder brauchte zwei, es waren also genug Kissen da. Und selbst wenn es nicht so gewesen wäre, dann hätte das nicht bedeutet, dass ich keines bekommen hätte, sondern dass man gemeinsam eine Lösung hätte finden müssen. Erspare deinen Teilnehmern diese Erfahrung, indem du ihnen gleich die Lösung anbietest. Es ist immer noch schwierig genug, selbst mit schriftlicher Erlaubnis und ausdrücklicher Aufforderung, für sich selbst zu sorgen.

Dann lies deine Meditation vor, oder wenn du ein wenig geübt bist, sprich aus, was dir durch deine innere Führung in den Sinn kommt. Vielleicht trommelst du auch eine schamanische Reise, wenn du eine schamanische Ausbildung hast: Du kannst deine

Teilnehmer während des Trommelns durch eine Fantasiereise führen – das ist zwar eher unüblich, aber wir tun es oft. Es ist auch unpraktisch, weil die Trommel so laut ist, aber du kannst den Schlag ja deiner Stimme anpassen. Oft genug führe ich eine Reise, und wenn es während der Reise um die inneren Prozesse geht, trommelt Mike eine schamanische Sequenz, bevor ich weiterspreche. Das kannst du natürlich auch allein tun. Die klassische schamanische Reise gibt zunächst eine Absicht vor, ein Ziel. Die Teilnehmer gehen in ihrer Vorstellung durch ein Tor, dann lässt du sie ihre eigene Reise unternehmen, während du die Energie durch die Trommel rufst.

Typische Themen einer schamanischen Reise:
› Finde dein Krafttier
› Lass dir den nächsten Schritt auf deinem Weg zeigen
› Trennung von nicht mehr Stimmigem
› Heilung des Körpers oder der Emotionen
› Klärung von schwierigen Themen

Die Teilnehmer benötigen ein wenig Übung und viel Vertrauen in die eigene Wahrnehmung, um selbstständig zu reisen, vor allem, wenn sie es gewöhnt sind, durch eine innere Reise geführt zu werden. Dennoch lohnt es sich, das auszuprobieren. Du gibst also eine Absicht vor oder lässt jeden seine eigene Absicht finden, dann reisen alle gemeinsam durch ein Tor. Nun schlägst du die Trommel im für dich stimmigen Rhythmus, das kann jedes Mal ein anderer sein. Nun begibt sich jeder Teilnehmer auf seine eigene Reise, nimmt seine eigenen inneren Bilder wahr. Mit einigen unregelmäßigen Trommelschlägen holst du sie nach ungefähr zehn bis zwanzig Minuten, je nach Thema und Gefühl, wieder zurück.

Die am häufigsten gestellte Frage nach einer Meditation oder einer schamanischen Reise ist folgende:»Ich sehe nichts, was stimmt denn bei mir nicht?«

Die wenigsten Menschen sehen perfekte innere Bilder. Die meisten Meditierenden nehmen ihre Reise ganzheitlich, also mit allen Sinnen, wahr: Als körperliche Empfindungen, Gedanken, vielleicht hören sie Worte, ein bestimmter Duft steigt ihnen in die Nase, oder sie wissen plötzlich einfach, was sie erleben, auch wenn sie es nicht sehen. Es ist natürlich sinnvoll, das Sehzentrum zu schulen, aber es ist nur ein Sinn von mehreren.

Die meisten Menschen sind es gewohnt, die Welt mit den Augen wahrzunehmen, deshalb bietest du zum Beispiel geführte Meditationen in Bildern an. Trommelst du oder gibst eine Klangschalenreise, entstehen Bilder und Gefühle in anderen Gehirnzentren, je nach Werkzeug. (Die schamanische Trommel spricht direkt die Amygdala an, während eine geführte Fantasiereise eher in der vorderen Cortex stattfindet. Die Klangschalen wirken unmittelbar auf das Aurasystem, die Trommel wirkt eher auf die Zellen; es sind verschiedene Werkzeuge für verschiedene Ebenen – probiere sie aus.) Wären wir Tiere, müssten wir die Meditationen als Duftkompositionen zugänglich machen, als Lautfolgen oder als körperliche Eindrücke. Im äußeren Leben hat das Sehen höchste Priorität, es ist für die meisten der wichtigste Sinn. Bei der inneren Wahrnehmung gibt es diese Rangfolge nicht. So lass dich nicht verunsichern. Jeder nimmt die Energie genau so auf, wie er es braucht. Es ist nicht nur eine Übungssache, innere Bilder zu sehen, sondern manchmal auch gar nicht nötig. Was ist falsch daran, eine Energie zu riechen, zu schmecken oder als körperlichen Impuls wahrzunehmen? Oft genug sehen deine Teilnehmer deshalb keine Bilder, weil Bilder dazu verführen, sie zu kontrollieren, und oftmals das echte Fühlen verhindern.

Eine weitere Frage ist diese:
»Ich habe dies und jenes gesehen, was bedeutet das?«
Nun, woher sollst du das wissen? Entweder du öffnest dich für die Energie desjenigen, der fragt, und du spürst nun deinerseits, welche Energien wirken, oder du machst es folgendermaßen: Sage zu deinem Teilnehmer: »Ich bitte dich, schließe noch einmal die Augen, und rufe dir das Bild oder das Gefühl erneut herbei.« Du als Seminarleiter hältst die Energien, dann geht das ganz leicht. Wenn das Bild, nach dem der Teilnehmer gefragt hat, da ist, bitte ihn, jetzt selbst zu fragen, was es bedeutet, und auf den ersten Impuls zu vertrauen. Du spürst mit und gibst ihm eine Rückmeldung zu dem, was du wahrgenommen hast, aber erst, nachdem er selbst noch einmal in sich hineingelauscht hat. Warum? Weil er nicht abhängig von dir werden, sondern die Fähigkeit, selbst wahrzunehmen und zu erkennen, entwickeln soll.

Hüte dich vor vorgefertigten Antworten, nicht jedes Blau gehört zu Erzengel Michael, und nicht immer bedeutet ein Krafttier das, was im Buch steht. Selbst spüren macht bewusst, und so solltest du es auch handhaben. Denn so wenig wir von uns abhängige Teilnehmer wollen, so wenig wollen wir Nachschlagewerk-Süchtige.

Ich stelle Energie auf, wenn ich etwas spüren will. Wenn du mit der Technik des Familienstellens vertraut bist, dann ist es vielleicht eine gute Idee, sie zu nutzen, um Energien zu erkennen. Ich nehme drei Gegenstände als Platzhalter:

Nummer eins steht für die Person oder das Ereignis, um das es geht. Ich stelle es links von mir auf. Warum links? Weil ich die Plätze gern im Uhrzeigersinn besetze, aber das ist Geschmackssache. Ich habe das für mich selbst entwickelt. Mache es so, wie es für dich stimmig ist. Außerdem bin ich Linkshänder, vielleicht liegt es auch daran.

Nummer zwei, rechts von Nummer eins, steht für das Thema, um das es geht, für die Frage, also zum Beispiel: Welche Botschaft hat es? Worum geht es wirklich? Wie fühlt es sich an? Was will er? Was braucht das System? Ist es gut für mich? … und so weiter. Natürlich stellst du nur eine Frage, ein Thema, auf.

Nummer drei ist der letzte Platz und der einzige, in den ich hineinspüre. Ich stelle ihn so, dass die drei Plätze nun ein Dreieck bilden, und lege folgende Absicht oder Frage hinein: Was steckt dahinter? Nur diese eine Frage! Dann bekommst du ein Gefühl für das, was im Verborgenen wirkt, und hier ist der Ansatzpunkt für Lösungen. Auf diesen Platz stelle ich mich in Gedanken, dann spüre ich sehr genau, was wesentlich ist, und das kommuniziere ich. Das geht meistens verblüffend einfach und schnell, braucht aber natürlich Übung. Der Vorteil für mich ist ein klarer Ein- und Ausstieg in und aus den Energien, ich öffne keine Lichtkanäle, channele nicht, sondern stelle es auf, spüre es und räume es wieder weg. Damit bin ich auch wieder draußen.

Wenn ich Hilfe brauche, das System erlöst werden muss, dann nutze ich ab und zu einen vierten Platz, ich stelle ihn dem dritten gegenüber, sodass nun eine Raute entsteht. Ich stelle den Schutzengel hinein. Dieser weiß genau, was fehlt, und bringt eine Lösung. Ob du den Schutzengel, ein Krafttier oder das Schicksal zu Hilfe bittest, ist nicht entscheidend, es geht darum, eine übergeordnete Kraft wirken zu lassen, eine Energie, die den Überblick hat und behält. Für mich funktioniert der Platz des Schutzengels sehr gut, du arbeitest eventuell mit anderen Energien.

Bevor das Gruppenseminar zu Ende ist, lassen wir immer noch einmal den Redestab herumgehen, damit wir sicher sein können, dass niemand in Not geraten ist und unsere Hilfe braucht. Außerdem geben wir noch einmal die Gelegenheit, letzte Fragen zu stellen oder einfach mitzuteilen, was geteilt werden will. Selbstverständlich darf der Redestab auch zum Schweigen genutzt werden, aber wir bitten immer um eine Rückmeldung über das Befinden.

Und dann kommt der vielleicht wichtigste Teil: Wir ziehen unsere Energien wieder zurück und bitten unsere Teilnehmer, das auch zu tun. Ich habe es im ersten Teil des Buches bereits beschrieben, hier noch einmal die Technik:

Ich sage: »Schließt bitte eure Augen. Und nun stellt euch vor, ihr alle habt Fäden zu uns gesponnen, zu uns und auch untereinander. Diese Fäden kommen womöglich aus eurem Bauch oder auch woanders her. Das durftet ihr, es war wichtig, denn wir wollten euch ja etwas geben, euch erreichen. Jetzt aber bitten wir euch, zieht diese Fäden wieder zu euch zurück, alle, zieht alle Urteile, alle Bewertungen, alle Projektionen untereinander und in Bezug auf uns wieder zu euch zurück, zieht alle Fäden wieder zu euch. Wir ziehen nun auch unsere Fäden zu uns und lassen euch los, ihr seid wieder ganz und gar für euch selbst verantwortlich. Findet eure eigenen Antworten, und ihr seid frei. Du hältst dich jetzt ganz und gar wieder selbst, trägst die volle Verantwortung für dich, und wir lassen dich los. Wir schließen den Raum. Wir haben ihn gern für euch gehalten und öffnen ihn gern wieder für euch, zu einem anderen Zeitpunkt und auf andere Weise, doch jetzt – JETZT – ist er geschlossen.« Das sage ich immer sehr eindringlich, damit es auch wirklich geschieht und damit auch den Teilnehmern klar wird, dass sie jetzt wieder ganz für sich sind. Das halten wir für sehr wichtig, damit keine Abhängigkeiten entstehen und wir uns selbst aus der Verantwortung entlassen. Dann ziehen Mike und ich unsere Fäden und Flügel zurück, und das Seminar, der Workshop ist beendet. Und das ist er auch wirklich, es gibt hinterher keine Fragen mehr, sonst müssten wir die Energien wieder rufen. Wenn Schluss ist, ist Schluss. Kannst du das für dich anders regeln, dann tue das, für uns ist es wichtig, einen klaren Anfang und ein klares Ende zu setzen. Während des Workshops zu fragen hat etwas mit der Selbstverantwortung der Teilnehmer zu tun. Wir sagen im Seminar immer wieder: »Fragt jetzt, nach dem Workshop ist Schluss.« Wenn ein Teilnehmer während des Workshops auf uns zukommt und fragt, ob er uns hinterher noch einmal sprechen darf, oder wenn wir spüren, da ist noch etwas offen, sind wir natürlich da. Alles andere wäre verantwortungslos. Aber sorge bitte unbedingt dafür, dass deine Teilnehmer deine Grenzen achten, das ist wichtig, denn erstens wirst du sonst ausgelaugt, nachdem das Seminar schon beendet ist und du womöglich nicht mehr so sehr auf deinen Schutz achtest, und zweitens darf jeder lernen, Grenzen zu achten. Weißt du, was passiert, wenn du dich aussaugen lässt? Du wirst passiv-aggressiv. Du grollst unterschwellig und bist zwar nach außen hin verfügbar und freundlich, verzögerst und verweigerst aber, gibst dich nicht ganz hin. Das ist verständlich, einfach ein Zeichen von Überforderung. Dann nimm dir bitte sobald wie möglich eine Auszeit, und kümmere dich um deine mögliche Co-Abhängigkeit! Nein sagen zu lernen ist gerade für Seminarleiter wesentlich. Kannst du das nicht, dann beschäftige dich ernsthaft mit dem Thema Co-Abhängigkeit – der emotionalen Sucht, gebraucht zu werden.

Wie versprochen folgt jetzt noch eine Meditation, mit der ihr euer inneres Kind schützen könnt, denn es hat nun einmal in einem Seminar, in dem du die Zügel in der Hand hältst, nichts zu suchen.

Schutz für das innere Kind

Ich gehe davon aus, dass du, wenn du Seminare gibst, gut vertraut bist mit deinem inneren Kind. Falls nicht, dann besuche ein Seminar oder lies ein Buch, das ist wirklich wichtig.

» ÜBUNG

Rufe in deiner Vorstellung dein inneres Kind, begegne ihm dort, wo du es üblicherweise triffst. Das kann in der freien Natur sein oder auf einem Spielplatz, in den Armen seines Schutzengels oder wo immer es sich gerade aufhält. Nun gehe bitte zu ihm hin als der Erwachsene, der du bist. Rufe seinen Schutzengel und seine Krafttiere oder die Energien, denen du vertraust. Nimm es in den Arm, wenn es das erlaubt, und sage ihm: »Ich sehe dich, ich bin für dich da, und du bist mir wichtig.« Wenn du dein inneres Kind noch nicht so gut kennst oder es dir nicht vertraut, dann bitte seine Krafttiere und Schutzengel, ihm zu geben, was es braucht. Sage ihm, es gibt einen sicheren Ort, an dem es gut aufgehoben, geborgen und dennoch frei ist, solange du arbeiten musst, und frage es, ob es mit dir kommen möchte. (Sagt es Nein, dann frage es, was es braucht, damit es dir vertraut, und gib es ihm!) Nimm es an die Hand oder auf den Arm, und gehe mit ihm in deiner Vorstellung einen zauberhaften Weg entlang.

In einiger Entfernung bemerkst du ein Tor, ihr geht darauf zu, und du stehst vor einem Wächter. Er fragt dich: »Was ist dein Begehr?«, und du antwortest: »Ich bring mein inneres Kind in Sicherheit.« Der Wächter öffnet das Tor, und ihr tretet ein in einen wunderschönen Zaubergarten, so schön, wie du es noch nie gesehen hast. Ihr spürt die Geborgenheit und die Freiheit, die bedingungslose Liebe und den Schutz zugleich. Ein großes, lichtvolles Wesen kommt auf euch zu und sagt dir: »Ich hüte diesen Zaubergarten, und ich hüte auch dein inneres Kind, damit du frei bist, im Außen zu agieren und zu tun, was zu tun ist.« Du spürst, dass du diesem Wesen vertrauen kannst, und gibst dein inneres Kind voller Frieden in seine Obhut. Der Hüter des Zaubergartens gibt deinem inneren Kind nun alles, was es braucht, um gesund und glücklich zu werden oder zu bleiben: Liebe, Trost, Geborgenheit und die Freiheit, wild zu sein. Du weißt dein inneres Kind in Sicherheit und kannst dich nun deinen äußeren Erwachsenen-Aufgaben widmen.

Wann immer du die Hände frei brauchst, sei es beruflich oder privat, wann immer dein inneres Kind Schutz und Sicherheit braucht oder mit all seinen Empfindsamkeiten fehl am Platz ist, hole es ab, und führe es in den Zaubergarten. Dort ist es geschützt und gerät nicht allzu stark in schmerzhafte Resonanzen. Besonders sinnvoll ist es, dieses Werkzeug zu nutzen, wenn du deine Eltern besuchst, falls du ein schwieriges, schmerzliches Verhältnis mit ihnen hast.

Nachwort

Liebe Leser, damit sind wir am Ende. Ich hoffe sehr, dir mit all diesen Hinweisen gedient zu haben, ich habe dir alles, was ich zu diesem Thema weiß, zur Verfügung gestellt. Sicher ist einiges für dich weniger hilfreich, dann lass es liegen, und nimm dir nur das, was dir nützlich erscheint.

Und nun ziehe ich meine Fäden zurück, und lass dich los, du weißt selbst, was für dich am besten ist. Ich habe dir von Herzen gern gedient und traue dir unbedingt zu, deinen eigenen Weg zu finden. Ziehe auch du bitte all deine Fäden zurück, lass alle Projektionen auf mich los, und sei wieder ganz und gar bei dir.

Ich danke dir von Herzen.

In Liebe
Susanne